La misión en la sociedad secular

320

Colección
PRESENCIA TEOLÓGICA

George Augustin
Nikola Eterović (eds.)

Walter Kasper – Kurt Koch
Thomas Krafft – Karl Wallner

La misión
en la sociedad secular

 SALTERRAE

El presente volumen se publica con la colaboración
del Instituto Cardenal Walter Kasper
de Teología, Ecumenismo y Espiritualidad,
con sede en la Vinzenz Pallotti University
de Vallendar (Alemania).

© Kardinal Walter Kasper Institut, 2025
Director: Prof. Dr. George Augustin

Traducción:
Álvaro Alemany Briz, SJ

© Editorial Sal Terrae, 2025
Grupo de Comunicación Loyola
Polígono de Raos, Parcela 14-I
39600 Maliaño (Cantabria) – España
Tfno.: +34 944 470 358
info@gcloyola.com / gcloyola.com

Imprimatur:
✠ Arturo Ros Murgadas
Obispo de Santander
13-12-2024

Diseño de cubierta:
Félix Cuadrado Basas (*Sinclair*)

Impreso en España. *Printed in Spain*
ISBN: 978-84-293-3242-1
Depósito legal: BI-1694-2024

Fotocomposición:
Rico Adrados, S. L. – Burgos / www.ricoadrados.com

Impresión y encuadernación:
Gráficas Lope, S. L. – Salamanca / www.graficaslope.com

MIXTO
Papel | Apoyando la
silvicultura responsable
FSC® C151035

A todas las personas
que dan testimonio con alegría
de la belleza
de la fe cristiana.

Como los santos,
mostremos la alegría y la belleza del evangelio
con el testimonio de nuestra vida.

PAPA FRANCISCO

ÍNDICE

PRÓLOGO

La misión no es para la Iglesia un tema opcional, sino su elixir vital. La misión es el fundamento del ser eclesial y todas las actividades de la Iglesia tienen que estar penetradas y modeladas por un dinamismo misionero. La Iglesia está enviada al mundo para continuar con obras y palabras la misión del Hijo de Dios. Jesucristo nos sale al encuentro como el primer misionero, y sus discípulos y discípulas están llamados y enviados como colaboradores en su misión. Además, Cristo hace participar de su misión a cada cristiano: «Como el Padre me envió, así yo os envío a vosotros» (Jn 20,21). Esa misión consiste en hacer perceptible, visible y audible a Jesucristo en cada época.

Ser cristiano es en primer término una vocación al seguimiento de Cristo. Él llama a los seres humanos a encontrar la vida en plenitud y a indicar a otros el camino hacia ella: «Por tanto, id a hacer discípulos entre todos los pueblos, bautizadlos consagrándolos al Padre y al Hijo y al Espíritu Santo, y enseñadlos a cumplir cuanto os he mandado. Yo estaré con vosotros siempre, hasta el fin del mundo» (Mt 28,19s).

Por esa razón, la misión conserva permanente actualidad. Sin embargo, el término *misión* sigue teniendo para muchos una resonancia negativa. Algunos cristianos relacionan la misión con una cuestación monetaria; a otros muchos les parece algo anticuado. Por extraño que parezca, en el mundo secular, en la economía y la publicidad, la palabra *misión* significa empuje, dinamismo, entusiasmo y visión.

La sociedad secular actual nos plantea el reto de redescubrir la misión como dinamismo originario del ser cristiano y convertirlo en una evidencia para toda persona cristiana. La misión pertenece a la esencia de la fe cristiana: «La Iglesia peregrinante es misionera por su naturaleza, puesto que toma su origen de la misión del Hijo y del Espíritu Santo, según el designio de Dios Padre» (*Ad gentes* 2). El envío misionero de la Iglesia es dar testimonio del amor y de la misericordia de Dios. Está enviada para anunciar el evangelio con la vida y para vivirlo con el anuncio. La misión cristiana es en el fondo un proceso espiritual totalizante, que determina la acción y la vida entera del cristiano individual y de la Iglesia como comunidad de creyentes.

En el actual contexto secular y en una situación misionera de dimensión global, la misión es el proceso de la evangelización, en el que nosotros mismos estamos continuamente entrando en contacto con el evangelio de Jesucristo y poniendo a otros en contacto con él. Aun cuando conceptualmente distinguimos entre autoevangelización, reevangelización y nueva evangelización, se trata siempre de llevar a cabo el cometido fundamental cristiano en diferentes contextos misioneros.

La nueva evangelización nos plantea hoy grandes desafíos teológicos, pastorales y espirituales. En perspectiva teológica, está centrada en una concepción más profunda del ser cristiano y del mandato misionero de la Iglesia. La pastoral entera de la Iglesia debería apoyarse en la primacía de la evangelización. A fin de experimentar nosotros mismos la fuerza de la esperanza cristiana y la alegría de la fe, hemos de estar motivados para revitalizar y ahondar nuestra fe. La misión comienza primero en nosotros, los cristianos creyentes. Tenemos que captar nosotros mismos lo que representa nuestra fe y de qué nos hace capaces. La fe ¿es respuesta a la cuestión humana del sentido? ¿Cómo contribuye la fe al desarrollo de la personalidad y a una vida lograda? ¿Cuál es el valor añadido de la fe cristiana respecto a lo humano?

Al responder a estas preguntas, han de resplandecer la significatividad y la belleza del mensaje cristiano de salvación. La misión es, de hecho, diaconía salvífica y obra de misericordia espiritual. Las personas en búsqueda solo estarán dispuestas a entrar en diálogo de salvación con nosotros si los cristianos mismos creemos que nuestra fe ofrece respuestas convincentes a las preguntas existenciales humanas. Para que las personas de buena voluntad experimenten la fuerza de atracción de nuestra fe, tienen que poder tomar conciencia de que la fe cristiana no hace sino plantear todas las cuestiones del ser humano en relación con Dios. El verdadero sentido de la vida llega a ser cognoscible cuando comenzamos a pensar y a vivir desde Dios y hacia Dios.

Por lo tanto, la relevancia de la fe cristiana solo se hace patente en la medida en que logramos vivir el ser cristiano como religión en el sentido original de la palabra: como vivencia de la religación con Dios. La condición fundamental para ello es pasar de un antropocentrismo que impregna la atmósfera intelectual y espiritual a un teocentrismo, un nuevo giro hacia Dios. Se trata de un pensamiento y una acción en el mundo centrados en Dios. Misión significa invitar a la gente a descubrir a Dios, que está ya presente y actuante en sus vidas. Misión es el envío cristiano a mostrar a los hombres el camino a Dios. Para ello hemos de superar nuestro cotidiano olvido de Dios y volvernos conscientes de su presencia. La pregunta más decisiva reza así: «¿Está o no está con nosotros el Señor?» (Ex 17,7). Solo si Dios se convierte de nuevo en el centro de nuestro pensamiento y de nuestra acción y la Iglesia es percibida como lugar de la presencia de Dios puede el mensaje de la Iglesia resultar atractivo y tocar a las personas.

El presupuesto es que nosotros confesemos y atestigüemos a Jesucristo como Señor y Dios nuestro. En la medida en que logramos anunciar a Jesucristo y transmitir su cercanía salvadora, nos volvemos cristianos misioneros. Es misión nuestra capacitar a las personas para crecer en la amistad con Jesucristo. Para que esa misión tenga éxito, debemos entrar nosotros mismos en una relación existencial con Cristo. Las personas con las que nos encontramos han de percibir que amamos a Cristo y que nos entusiasma su mensaje de vida eterna. Únicamente mediante nuestro entusiasmo por Jesucristo es como puede desplegarse nuestra energía misionera. «El amor del Mesías nos apremia» (2 Cor 5,14).

Las aportaciones del presente volumen están impulsadas por ese amor y quieren estimular a los lectores y lectoras a volver a descubrir constantemente el amor de Jesucristo en su vida y a vivir con alegría y convicción el discipulado misionero.

GEORGE AUGUSTIN, SAC, y NIKOLA ETEROVIĆ (EDS.)

1

Retos y exigencias de la misión

WALTER KASPER

Es bueno que hablemos de la misión. El hecho de que abordemos una vez más este tema muestra su urgencia, pero encierra también el peligro de repeticiones. Por eso no voy a decir de nuevo lo que he dicho ya en otras ocasiones y en otras publicaciones. Pretendo abordar esta vez el tema de la misión desde una perspectiva distinta, que me parece actual.

Se requiere coraje, es francamente una provocación poner en el orden del día el tema *misión* en la situación actual. Sobre todo en Alemania, el debate está marcado por las cuestiones suscitadas con el escándalo de abusos. Un escándalo que a todos nos ha conmocionado profundamente. Ha puesto sobre el tapete muchos interrogantes, que en este contexto no podemos tratar. Pero la cuestión fundamental se plantea en estos términos: ¿cómo la Iglesia, tal como aparece ahora ante todo el mundo, puede siquiera presentarse aún con carácter misionero? ¿No ha perdido toda su credibilidad y no debe, antes de misionar a otros, entrar primero en sí misma, hacer penitencia y renovarse de raíz?

Mi respuesta es: sí, eso es lo que debe hacer, y además en profundidad, también y justamente a causa de su misión. Porque la misión no es algo colateral. Poner en cuestión la misión es un golpe al corazón de la Iglesia. Esta –según el Concilio Vaticano II– es misionera por su naturaleza (AG 2). Es misión permanente, dice el papa Francisco. La misión, como han puesto de relieve ya Juan Pablo II, Benedicto XVI y ahora Francisco, no es algo que debe ocurrir en África, Asia o las islas de los mares del Sur. La misión es una necesidad acuciante también entre nosotros. La misión es una tarea de toda pastoral normal. Una Iglesia que ya no pudiera ser misión estaría acabada. Igualmente acabada y sin ser ya la Iglesia de Jesucristo estaría una Iglesia que, en lugar de cumplir su encargo fundamental de la misión, ya solo se ocupara de sí misma y de sus estructuras. En ese peligro nos hallamos.

¿Qué hacer, pues? Si la Iglesia no puede renunciar a la misión, debemos preguntar cómo, en la situación existente, podemos llevar a cabo la misión de forma creíble. La tesis fundamental que voy a desarrollar en lo sucesivo, la anticipo ya aquí:

Si escuchamos el llamamiento de Jesús a la misión, entonces *misión* significa llamada a una conversión radical. Lo cual quiere decir: solo una Iglesia dispuesta a su propia conversión, solo una Iglesia que hace penitencia y solo una Iglesia que no se las da de pretenciosa y triunfalista puede tener una acción misionera. Por tanto, penitencia y renovación espiritual son elemento esencial de la misión, un *sine quo non*. Penitencia y renovación espiritual son, además, la única respuesta adecuada a la crisis de los abusos. Se requieren, sin duda, cambios estructurales, pero, en una crisis dramática como la actual, limitarse a ellos no lleva muy adelante. Hay que preguntar: ¿para qué las estructuras? Y la respuesta es: estructuras al servicio de la misión, reforma estructural para que podamos ser misión con mayor credibilidad.

Con ello el tema *misión* nos plantea cuestiones incómodas. He titulado la conferencia «Retos y exigencias de la misión» a propósito. Las exigencias que plantea la misión deberían ser la incitación a repensar las consecuencias de la crisis de los abusos a un nivel más fundamental de lo que suele hacerse. Oigamos, pues, lo que Jesús tiene que decirnos sobre el tema *misión*.

1. Misión: convocatoria y envío

El relato más antiguo del Nuevo Testamento que habla de misión se halla en Marcos: «Subió a la montaña, fue llamando a los que él quiso y se fueron con él. Nombró a doce para que estuvieran con él y para enviarlos a predicar con poder para expulsar demonios» (Mc 3,13-15).

Jesús sube a una montaña. Lleva a cabo un acto literal de soberanía después de pasar la noche orando, según cuenta Lucas (Lc 6,12). De entre el grupo ya más numeroso de sus discípulos, escoge a doce, «los que él quiso». No hay nada de elección democrática ni de transmisión democrática de autoridad. Se trata de una decisión absolutamente soberana de Jesús. A ella responden por la otra parte la disponibilidad y prontitud de los escogidos. Se dice concisa y lapidariamente: «Y se fueron». Una disposición que se había puesto ya de manifiesto en la llamada a Simón Pedro y su hermano Andrés: «Veníos conmigo»; y al punto lo dejan todo, su oficio, su familia, su casa, y lo siguen (Mc 1,17). Lo mismo se repite en la llamada de Leví junto al mostrador de impuestos: «¡Sígueme!». Y él «se levantó y lo siguió» (Mc 2,14). Más tarde dirá Pedro: «Nosotros hemos dejado todo y te hemos seguido» (Mt 19,27; Lc 18,28). Todo: familia, casa, oficio, propiedad, todo.

Esa determinación solo se puede comprender preguntando: ¿por qué Jesús escoge justamente a doce discípulos? El número doce no es casual. Recuerda que el pueblo elegido por Dios constaba de doce tribus y contaba con la promesa de que Dios volvería a congregar en el tiempo mesiánico a las doce tribus, que se habían escindido y dispersado. La elección de los Doce, por tanto, es un acto profético de Jesús, que afirma: Ha llegado el tiempo mesiánico. El reino de Dios está cerca. La elección de Dios es definitiva escatológicamente. Es enteramente de fiar. La respuesta de los discípulos debe serlo igualmente. Con ello, los doce discípulos son enviados como grupo, no como individuos aislados. Representan al pueblo mesiánico de Dios.

¿Para qué son llamados? «Para que estuvieran con él y para enviarlos». Convocatoria y envío. Primero, la convocatoria. Los Doce deben estar con Jesús, seguirlo como compañeros de camino en el sentido literal. Deben compartir la vida con Jesús, para comprenderlo a él y su mensaje con mayor profundidad.

Jesús recurre así a la práctica de los rabinos, que congregaban en torno suyo cada uno a sus discípulos. Pero en Jesús hay una singularidad: con él no puede uno solicitarlo, sino que es llamado. La opción de pertenencia al círculo más estrecho de discípulos es total: dejar y abandonar todo lo demás. Además, es definitiva. El discípulo no se convierte a su vez en rabí y maestro; sigue siendo discípulo. «Vosotros me llamáis maestro y señor, y decís bien» (Jn 13,13). Finalmente, la comunidad de vida se vuelve comunidad de pasión. Hay que arriesgar la cabeza y el cuello. La misión no conoce funcionarios, no da origen a ninguna relación de tipo laboral o de colocación. No es una ocupación accesoria o de tiempo libre, ni un trabajo temporal, sino una tarea a tiempo completo.

¿Cómo es humanamente posible tal cosa? Se pone de manifiesto en el relato de Mc 6,20: Jesús había enviado a los discípulos y ahora regresan. Evidentemente, estresados por completo. «Pues los que iban y venían eran tantos que no sacaban tiempo ni para comer». Ya existía entonces el estrés, por consiguiente. ¿Qué hace Jesús con sus estresados discípulos? Les dice: «Vosotros venid aparte, a un paraje despoblado, a descansar un rato». Solo congregándose una y otra vez en torno a Jesús recobran fuerzas para un nuevo envío.

El envío saliendo a las periferias, a la diáspora del mundo y a situaciones humanas límite presupone el anclaje en un centro. Solo hay periferia donde existe un centro. Y un punto central solo se da si hay también una periferia. Un centro sin periferia es un punto muerto, sin sentido, carente de relación. Una piedad cristiana sin irradiación hacia fuera, una piedad meramente privada, sin vida, está muerta. Y, a la inversa, el camino hacia fuera, hacia el mundo, se vuelve difuso. Sin un centro, se pierde en lo incierto, lleva a la dispersión, conduce al vacío. Convocatoria y envío están intrínsecamente unidos.

Son exigencias elevadas. Jesús sabía que sus discípulos no eran héroes ni santos. El Nuevo Testamento no oculta las debilidades de los discípulos. Pedro hace grandes proclamas y juramentos, pero, en cuanto las cosas se ponen feas, niega cobardemente a su Señor y Maestro. Otros tampoco dan siempre una buena impresión. Ninguno de los discípulos –fuera de Juan– aparece bajo la cruz, y en Pascua todos resultan torpes y son duramente censurados por el Maestro. Uno de los Doce, Judas, se convierte en el traidor que entrega a Jesús por treinta viles monedas de plata. Y, sin embargo, Jesús perdona. Los discípulos pueden empezar de nuevo. Jesús es duro con los pretenciosos y despiadados. A los arrepentidos les da una nueva oportunidad. En síntesis: los cristianos, también los pastores, pueden fallar. Los miembros de la jerarquía, como todos los cristianos, pueden y deben volver a convertirse una y otra vez. Pero la conversión y la penitencia, como una nueva convocación al seguimiento, han caído hoy en el olvido. La crisis de la penitencia y del sacramento de la penitencia es la enfermedad crónica fundamental de la Iglesia actual.

2. Misión: el peligroso mensaje sobre Dios y su reino

El contenido del envío está en conexión con el mensaje específico de Jesús: «Se ha cumplido el plazo y está cerca el reinado de Dios: convertíos y creed la buena noticia» (Mc 1,15). Este es el mensaje que Jesús encomienda también a sus discípulos. Lo sabemos por las instrucciones que les da al enviarlos

(Mc 6,6-13). Mateo lo cuenta con algo más de detalle, justo después de su elección (Mt 10,6-15): «Id y proclamad que el reinado de Dios está cerca». «Se fueron y predicaban la conversión» (Mc 6,12).

El contenido de la misión, por tanto, no es una doctrina, ni una moral, ni eventuales sabidurías vitales, tampoco principios y valores innegociables. Jesús no proporciona a sus discípulos ningún catecismo para el camino. No les da el encargo de conseguir más discípulos. No se trata de incrementar el número de los miembros, ni de una campaña de publicidad, ni de un dispositivo de propaganda y de mejoramiento de imagen o de difusión del reino de Dios, a saber, de la Iglesia. Los discípulos no son agentes comerciales por cuenta de la empresa Dios & Hijo. No, se trata del mensaje del reinado de Dios que adviene. Se trata de Dios y su reino.

Lo que es el reino de Dios, Jesús solo nos lo dice en parábolas: es como una insignificante semilla, que va creciendo allí donde cae en buena tierra; es como un poco de levadura, que hace fermentar todo (Mc 4,13-30). El reino de Dios está allí donde Dios cae en tierra buena en el corazón humano; donde las personas, por tanto, se convierten y se vuelven por entero a Dios; donde Dios es reconocido en su señorío y es amado sobre todas las cosas; donde los seres humanos se dejan llenar por completo por el amor de Dios y se dirigen con amor a otros y les transmiten el amor de Dios. No se trata del mensaje de que hay Dios, sino de que Dios está ahí, está con nosotros, está junto a nosotros, y nosotros vivimos ante Dios y con Dios, enteramente según su voluntad. El reinado de Dios, escribe Pablo, no consiste en comidas ni bebidas, sino en la justicia y la paz y el gozo del Espíritu Santo (Rom 14,17).

El reino de Dios, pues, no es un dominio de señorío mundano, ni un imperio, pero tampoco un ámbito de beneficencia social terrena, ni un establecimiento de bienestar. Al contrario, son proclamados bienaventurados los pobres, los que lloran, los mansos, los no violentos, los perseguidos (Mt 5,1-12; Lc 6,20-26). En consecuencia, el misionero ha de presentarse también con llaneza, sencillo y pobre. Nada debe llevar consigo: ni pan, ni alforja, ni dinero, ni túnica de repuesto; solo sandalias en los pies (Mc 6,8s). Ha de contar con todo: también con el rechazo, la indiferencia, la persecución. «Si a mí me han perseguido, a vosotros también os perseguirán y dirán toda clase de mal sobre vosotros» (Jn 15,20). El rechazo y la persecución forman parte, por así decir, del ADN de la Iglesia, lo cual, como hemos ido sabiendo, no es solo cosa del pasado. Si miramos los rasgos de la imagen de Jesús, produce un efecto, en cierto modo, peculiar ver una Iglesia rica y poderosa, y más aún su lastimosa hipersensibilidad.

Hemos dicho que la misión tiene que hablar de Dios, pero con ello tenemos hoy un problema. *Dios* es para muchos una palabra vacía, más aún, una palabra muy maltratada. Martin Buber dijo que *Dios* es la palabra de la que más se ha abusado. ¿Qué no se ha hecho ya en nombre de Dios? Emprender guerras, matar, abusar... Por eso mucha gente se ha hastiado de nuestra predicación de Dios. Además, se ha dado cuenta de que la vida funciona también sin Dios. Y nosotros, los creyentes, no vivimos tampoco, de ordinario, de manera distinta o acaso mejor que otros. Dios está muerto. Esto no significa que no haya Dios, sino que de él no sale vida alguna. Lo hemos matado, grita el loco en Nietzsche. El problema no es hoy el ateísmo militante, sino la indiferencia, el indiferentismo.

Claro que se da una paradoja: Dios ha muerto, pero los dioses siguen viviendo. Ellos, a los que hace tiempo se creía muertos, vuelven a levantarse de sus tumbas para librar su antiquísimo combate (Max Weber). La diferencia con el viejo paganismo es solo que ya no los llamamos dioses. Se han vuelto anónimos. Pero los ídolos del dinero, del poder, del carrerismo, del bienestar satisfecho, del *sex appeal*, siguen existiendo ahora como antes y se les ofrecen muchos sacrificios. Por causa del dinero y del poder, montones de seres humanos son sacrificados en las guerras. Por causa del medro en el escalafón, se pasa hasta por encima de cadáveres. Para tener sexo, no solo se destruyen familias, sino que se abusa de niños y jóvenes.

Quizá se puede entender así mejor que la encomienda de Jesús de anunciar a Dios y su reinado esté siempre ligada al encargo de expulsar demonios. Este no es un modo de hablar mitológico que haya quedado superado hace tiempo. Las potencias y potestades malignas que toman posesión de personas y de grupos humanos enteros y los manipulan siguen siendo realidad hoy. Cuando el papa habla del diablo, a nosotros, occidentales ilustrados y posmodernos, nos suena a reaccionario y, sin embargo, es realista. No hay que imaginarse al diablo de forma tan burda y primitiva, con pezuñas y olor a azufre. Ya es mucho más refinado. Se disfraza como ángel de luz (2 Cor 11,14). Nos hace ofertas espléndidas y atractivas: dinero, poder, publicidad, sexo. «Mira qué bonito todo, con solo que tú...», y qué rápido caemos en la trampa.

Cuando Dios no está, cuando ya no se le deja espacio alguno, se produce un vacío, un peligroso hueco en el que irrumpen potestades como el dinero, el poder, el prestigio, la apariencia, el sexo, y causan estragos. El anuncio de Dios y su reinado no es por ello un mensaje inocuo, sino peligroso. No en vano hablaron los Padres de la Iglesia del combate espiritual. La misión es milicia espiritual. «Vestid la armadura de Dios para poder resistir los engaños del diablo. Pues no peleáis contra seres de carne y hueso, sino contra las autoridades, contra las potestades, contra los soberanos de estas tinieblas» (Ef 6,10-12).

¿Me equivoco en la impresión de que en tiempos recientes nos hemos tomado esto demasiado a la ligera? Ha sido y sigue siendo bueno misionar con un mensaje de apertura y de afirmación del mundo. Pero quizá lo hemos manejado con actitud poco crítica, subestimando ingenuamente de la peligrosidad del mensaje.

3. ¿Cómo dar testimonio misionero de Dios y su reinado?

Primero, Jesús nos llama a orar. Tenemos que pedir: «¡Venga tu reino!». El reino de Dios no lo podemos construir nosotros, no lo podemos proyectar y organizar, no lo podemos hacer. La venida del reino de Dios es, por esencia, obra propia de Dios, acto propio de Dios. Por eso la misión –como dicen los misionólogos– es *missio Dei*, misión de Dios. Nosotros podemos y debemos sembrar la semilla, podemos y debemos también regarla y eliminar en lo posible las malas hierbas sin arrancar a la vez las espigas que crecen. Pero el crecer y el prosperar lo tiene que otorgar otro. Por eso solo podemos orar. Por eso en la Iglesia, en cada parroquia, se requieren orantes, grupos de orantes. Se requieren también monasterios. Son como oasis en el desierto de nuestro mundo vuelto mundano. Sin tales oasis, solo queda quedar exhaustos y morir de sed.

Naturalmente, el refrescarse en el oasis tiene que llevar a ponerse en marcha de nuevo y seguir adelante. Para ello voy a mostrar con toda brevedad tres caminos de la misión.

1. La palabra de Jesús envía a sus discípulos a anunciar. Anunciar no significa, o no solo significa, predicar los domingos. Con la predicación, por desgracia, hoy en día ya solo alcanzamos a pocas personas y, sobre todo, apenas a gente joven. Anunciar significa dar testimonio de Dios, de su reinado, de su justicia, su fidelidad y su amor.

    De esta nuestra esperanza hemos de dar razón (1 Pe 3,15). ¿Somos todavía capaces de ello? ¿Tenemos todavía como cristianos capacidad de hablar y argumentar? No solo pienso que el saber de la fe ha descendido a un mínimo inaudito. Dios está muerto para muchos, porque es acallado a muerte y nosotros, los cristianos, no lo sacamos a relucir ni lo hacemos presente en el mundo como el Dios vivo y dador de vida. Los cristianos nos hemos quedado sin palabra y enmudecidos. Tenemos que traer a colación a Dios y tener el coraje de decir las cosas claras, incluso públicamente, dando testimonio de nuestra fe en medio de la vida. Esto es misión.

La revelación no es ninguna información o instrucción sobre verdades sobrenaturales. Es comunicación, autocomunicación de Dios, encarnación de Dios en medio de nosotros, en medio del mundo, en medio de la vida. Con su palabra, Dios se dirige a nosotros, está ahí por nosotros, nos concede su presencia auxiliadora, consoladora, liberadora, también amonestadora, nos habla como a amigos (DV 2). Cuando Dios dice en su palabra: «No tengáis miedo, estoy aquí, estoy con vosotros y para vosotros», no es una afirmación informativa, sino performativa, una afirmación eficaz que efectúa lo que dice. Da de lleno en la vida y cambia la situación, deja afectado y pensativo, da ánimo y otorga gozo y paz. La palabra de Dios es un mensaje hablado a la vida. Por eso, en el Nuevo Testamento, reino de Dios y vida son conceptos intercambiables.

2. La liturgia. La Palabra se ha hecho carne (Jn 1,14). La palabra de Jesús se ha condensado en actos significativos (*sēmeîa*) extraordinariamente admirables. También a sus discípulos encargó tales signos: «Bautizadlos» (Mt 28,19), «haced esto [la fracción del pan eucarístico] en memoria mía» (Lc 22,19; 1 Cor 11,25). El bautismo y la eucaristía, los dos *sacramenta maiora*, están rodeados por una corona de otros sacramentos,

y la liturgia de todos ellos está adornada de una gran riqueza de símbolos.

Es preciso hacer que esa riqueza rinda fruto. Al hombre actual ya no es posible interpelarlo con palabras; necesita imágenes, signos, símbolos. Por eso tenemos que abrir de nuevo el tesoro de nuestro lenguaje simbólico, el arte sacro y la música sacra. En mi generación sucedió mediante el librito de Romano Guardini, tan digno de lectura aún, *Los signos sagrados*. En el fondo hemos de renovar la iniciación de la Iglesia antigua, la introducción a los símbolos litúrgicos. En Alemania está puniblemente descuidada. No es de extrañar que, cada vez para más personas, la liturgia se haya convertido en algo incomprensible y, por tanto, indiferente.

Hay ejemplos grandiosos de éxito misionero a través de la liturgia. La conversión de Agustín: va a Milán donde Ambrosio y escucha el canto litúrgico. «Aquellas voces se insinuaban por mis oídos y llevaban hasta mi corazón vuestras verdades»[1]. De modo similar Paul Claudel: se había educado en un medio del París del siglo XIX hostil a la religión y estaba completamente alejado de la fe. Con dieciocho años entra casualmente en la catedral de Notre Dame en la Nochebuena de 1886, escucha el *Magníficat* durante el canto de las vísperas, queda conmovido y llega al convencimiento de la fe, que ya nunca le abandonará desde entonces. Ciertamente hemos de preguntarnos si configuramos la celebración de los misterios de manera tal que se haga perceptible algo de la realidad de lo sagrado.

3.   La diaconía. La palabra se debe convertir en signo, para llevar luego a la acción. La fe ha de activarse en

---

1.   AGUSTÍN, *Conf.* IX,6,14.

el amor (Gal 5,6). Sin las obras del amor, la fe está muerta (Sant 2,17). No hay ortodoxia sin ortopraxis. Muchos nos preguntan: ¿dónde y cómo encontrar a Dios? Jesús ha dado una respuesta clara: «Lo que hayáis hecho a estos mis hermanos menores, me lo hicisteis a mí» (Mt 25,40). Encontramos a Dios bajo el rostro de un hermano o hermana en necesidad.

El padre Alfred Delp, ejecutado por los nazis en 1945, en sus reflexiones sobre el futuro de la Iglesia, poco antes de su ejecución, habla de la necesidad de una vuelta a la diaconía. Con ello no está pensando en la diaconía o en Cáritas como organización. La caridad eclesial no debe ser primariamente una organización, ni tampoco la Iglesia una asociación benéfica para el mundo. Lo que importa no es la organización, sino vernos personalmente frente a seres humanos que padecen, están afligidos, solos o moribundos. Se precisa una mística de ojos abiertos, que en el rostro del otro reconoce algo de la santidad de Dios (Emmanuel Lévinas). A muchos jóvenes se les puede interpelar en este sentido si salen del mundo electrónico virtual para acceder al mundo real de miseria y necesidad.

4. Misión universal

La misión de Jesús y de sus primeros discípulos estaba limitada a Israel (Mt 10,5s). Solo después de Pascua envió Jesús a sus discípulos al mundo entero (Mt 28,19). A través de la muerte en cruz y la Pascua había surgido una situación nueva. Pablo se vio a sí mismo como apóstol de los pueblos (Rom 1,1; Gal 1,1; 2,9). Su mensaje reza de este modo: Dios ha reconciliado el mundo consigo (2 Cor 5,18s). La Iglesia y su misión se convirtieron así, a partir de Pentecostés, en el movimiento contrario a la dispersión babilónica. La misión es el movimiento de convocación escatológica por parte de Dios. Por medio de ella se hace realidad la promesa hecha a Abrahán: «Serás bendición para todos los pueblos» (Gn 12,2s). En Cristo cobra vigencia: «Ya no se distinguen judío y griego, esclavo y libre, hombre y mujer, pues con el Mesías Jesús todos sois uno. Y si vosotros pertenecéis al Mesías sois descendencia de Abrahán, herederos de la promesa» (Gal 3,28s; cf. 1 Cor 12,13; Col 3,11).

Con ello quedan suprimidos el desgarro primordial de la humanidad y las diferencias divisorias entre el único pueblo elegido y los paganos (Ef 2,11-22). También han perdido su significado disgregante las diferencias sociales entre esclavos y libres y las diferencias de género entre varón y mujer. Todos los seres humanos son iguales ante Dios y tienen la misma dignidad. Esto no es un igualitarismo artificial. No quiere decir que todos sean una sola cosa, como diciendo «uno y lo mismo», sino que todos son uno en Cristo. Con el Dios uno, el mediador único y el Espíritu Santo único se corresponden la fraternidad y unidad de la humanidad.

La misión se halla en este horizonte universal y global. Nos enseña a no encerrarnos en nuestro pequeño mundo, en la superada visión eurocéntrica de ayer, en nuestra situación alemana o en la perspectiva de nuestro propio campanario parroquial o de nuestra comunidad eclesial. La misión a escala mundial se ha convertido en fundamento de lo que hoy llamamos globalización. En cambio, el incipiente neo-nacionalismo actual se ha convertido en un peligro grande en Europa y en el mundo. Por eso tampoco deberíamos andar indagando caminos especiales para la Iglesia alemana. Solo se es católico con una perspectiva misionera de amplitud mundial.

5. Simplemente ser cristiano: esa es la misión

El papa Francisco ha sacado a colación un nuevo aspecto antiguo con la frase «Yo soy una misión» (EG 273). Con ello no se limita a decir: «Yo tengo una misión», sino «yo soy una misión». La cita completa dice así: «Yo *soy una misión* en esta tierra, y para eso estoy en este mundo. Hay que reconocerse a sí mismo como marcado a fuego por esa misión de iluminar, bendecir, vivificar, levantar, sanar, liberar». En el bautismo, todos han sido llamados al sacerdocio común y han recibido la entrega de un cirio encendido en la luz pascual. Tiene que servirle a cada uno de luz en su camino y cada uno tiene que ser luz para otros. Y esto vale para todo cristiano.

Hace una semana he hecho ejercicios con el papa y la curia romana. En la comida se leyó de un libro que trataba de los mártires de Tibhirine, siete monjes trapenses que, durante la sangrienta guerra civil de Argelia, no abandonaron el país para ponerse a salvo, por solidaridad con sus habitantes. El 27 de marzo de 1996, un grupo terrorista irrumpió en el monasterio, situado en las montañas argelinas, y secuestró a siete de los monjes. Fracasadas las negociaciones con las autoridades francesas, fueron degollados en mayo de 1996. Encontraron las cabezas cortadas, pero no los cuerpos. El 8 de diciembre de 2018, los siete monjes fueron beatificados en Argel, juntamente con otros once cristianos asesinados.

Los obispos argelinos escribieron: «Cada uno de ellos murió porque había decidido permanecer con sus prójimos a pesar de la guerra». Y siguen: «Su muerte demuestra que ya su vida había estado por entero al servicio de los demás: al servicio de los pobres, de las mujeres con problemas, de los inválidos, de los jóvenes, de los musulmanes». Los obispos argelinos recalcaron: los beatos «no son héroes», sino simplemente «miembros de una pequeña comunidad católica que no

quiso abandonar Argelia en el momento de una dura prueba».
Los obispos dijeron que «se trata del milagro cotidiano de
la amistad y la fraternidad». Los siete monjes se dedicaron
a la oración, procuraron el diálogo pacífico con la población
musulmana, ayudaron a sus vecinos musulmanes a cultivar
sus campos con medios modernos y trataron de atenderlos
médicamente.

El libro que se leyó llevaba por título *Simplemente ser
cristiano*. Los misioneros son simplemente cristianos. No
hacen nada extraordinario, sino que hacen lo ordinario de
modo extraordinario. Esta es la misión del cristiano: simplemente ser cristiano.

Una segunda cosa me vino a la cabeza: los siete monjes
vivían en comunidad, pero en una comunidad que no estaba
cerrada, sino que se abrió a su entorno musulmán. Entonces
entendí la frase de Tertuliano: «Un solo cristiano, ningún cristiano». Benedicto XVI formuló: «Un cristiano no está nunca
solo». Cada cristiano es una misión, pero no una «Yo, S. A.»,
una empresa unipersonal. La misión no es algo elitista. La
misión acontece en comunidad. Jesús envía a los discípulos de
dos en dos (Mc 6,7). Solo siendo los Doce podían representar
al nuevo Pueblo de Dios.

Cada cual es una misión, pero lo es en la comunidad de
la Iglesia. Nadie puede ponerse por encima de la Iglesia y
presentarse como maestro del magisterio. Lo supercatólico
no es precisamente no es católico. El servicio a los demás
acaece en el servicio con los demás, con toda normalidad,
cada cual en su sitio.

No todos están llamados al martirio de sangre; tampoco
hay que empeñarse en ello. Pero tampoco debe presentarse uno mismo como mártir incomprendido y maltratado,
poniendo cara de sufrimiento. No todos deben o pueden ir
de misioneros a África, Asia o adonde sea. Todos han de ser
simplemente cristianos en su sitio, y por entero. Esto es, como

hemos visto, suficiente reto y osadía, un reto que nunca conseguimos solventar. Por eso cada cual, si está contrito, debe y puede volver a empezar una y otra vez. De aquí mi conclusión: simplemente ser cristiano, pero por entero, esa es nuestra misión. Y así somos una misión.

2

Dar testimonio en el mundo del evangelio del amor de Dios

Meditación sobre el mandato misionero fundamental de la Iglesia

KURT KOCH

1. Universalidad del envío

Tras su resurrección, Jesús salió en Galilea al encuentro de sus apóstoles en el monte y les dijo: «Id a hacer discípulos entre todos los pueblos, bautizadlos consagrándolos al Padre y al Hijo y al Espíritu Santo, y enseñadlos a cumplir cuanto os he mandado» (Mt 28,18-20). En este llamado «mandato misionero» del Resucitado, que se nos ha transmitido en el Evangelio de Mateo, está fundamentada la idea directriz que caracterizó ya la gran eclosión misionera de la Iglesia en sus comienzos; su objetivo es la universalidad, en un triple sentido.

En aquel monte, Jesús envía primeramente a sus discípulos; pero la destacada localización del mandato misionero justo al final del Evangelio de Mateo señala que todos los bautizados están enviados y llamados a dar testimonio, a vivir y actuar como testigos misioneros. La segunda figura de la universalidad hace referencia a los destinatarios del envío y viene indicada por la dirección señalada con el imperativo *id*, a saber: «entre todos los pueblos». El mensaje que los discípulos tienen que llevar a todos los pueblos concierne de hecho a todos los pueblos y a todos los seres humanos. Porque el Dios de quien damos testimonio los cristianos no es solo Dios de los cristianos, sino de todos los hombres. Como profesamos los cristianos en el credo apostólico, es «creador del cielo y de la tierra». En el mensaje cristiano, destinado a todos los seres humanos y no solo a un grupo determinado, está fundamentado que el cristianismo se vea a sí mismo como una religión a la que está encomendado un envío universal y que manifiesta una marcada concepción misionera, como subraya el misionólogo Michael Sievernich: «Para el cristianismo, misión significa no solo una señal de vitalidad, sino también una característica esencial e irrenunciable, sin la cual negaría el fundamento de su existencia»[1].

La tercera figura de la universalidad se muestra en el contenido del mandato misionero del Resucitado, en el que se pueden diferenciar cuatro dimensiones distintas, pero que están estrechamente conectadas y que expresan la riqueza global de ese envío[2]. El envío contiene una dimensión misionera en sentido estricto: «Id entre todos los pueblos»; una dimensión pastoral: «Haced discípulos» a todos; una dimensión litúrgica: «Bautizadlos consagrándolos al Padre y al Hijo y al Espíritu Santo»; y una dimensión profética: «Enseñadlos a cumplir cuanto os he mandado».

---

1.   M. SIEVERNICH, *Die christliche Mission: Geschichte und Gegenwart*, Darmstadt 2009, 7.
2.   Cf. K. KOCH, «Mission oder De-Mission der Kirche? Herausforderungen an eine notwendige Neuevangelisierung», en G. Augustin y K. Krämer (eds.), *Neuevangelisierung als Herausforderung: Impulse zur Verlebendigung des Glaubens*, Freiburg i. Br. 2011, 41-79, espec. 55-71: «Dimensionen und Wege der Neuevangelisierung» [trad. esp.: «Misión o des-misión de la Iglesia», en G. Augustin (ed.), *El desafío de la nueva evangelización*, Sal Terrae, Santander 2012, 39-86, especialmente 57-77: «Dimensiones y caminos de la nueva evangelización»].

2. La misión de la Iglesia como continuación de la misión de Cristo

Esa triple universalidad pone de manifiesto que la misión no debe ser, y no es, un mero apéndice de la Iglesia y su envío al mundo y por eso tampoco está sometida a su arbitrio, sino que concierne a la esencia de la Iglesia y es decisiva para su ser o no ser, como lo expresó concisamente el que fue obispo de Limburgo, Franz Kamphaus: «Solo hay cristianismo porque hay misión; si no, habría seguido en el judaísmo»[3]. Mientras que el judaísmo no conoce misión alguna, en el cristianismo pertenece como al centro cordial de la Iglesia, que está llamada a actuar como sacramento de salvación para el mundo entero. Lo cual solo puede lograr, desde luego, porque anuncia a Cristo crucificado y transfigurado en la Pascua, que es el protosacramento de la salvación del mundo. Como evidencia la introducción al mandato misionero en Mateo, «Me han concedido plena autoridad en cielo y tierra», la llamada a la *missio ad gentes* tiene un profundo fundamento cristológico.

La palabra y la realidad de la misión son para Jesús tan elementales porque tocan a su propia identidad. Pues en la Sagrada Escritura –sobre todo en el Evangelio de Juan– se nos presenta a Jesucristo como el enviado de Dios. No es solo que Jesús lleve el título de «enviado», sino que por su propia esencia es «enviado». Está enviado al mundo para traer a Dios al mundo y dar testimonio de su verdad, como reconoce Jesús ante el pretor Pilato: «Yo para eso he nacido, para eso he venido al mundo, para atestiguar la verdad. Quien está de parte de la verdad escucha mi voz» (Jn 18,37). Como Jesucristo es el testigo fiel por excelencia, el concepto de envío caracteriza de tal manera en el Nuevo Testamento la persona

---

3.   F. KAMPHAUS, *Die Welt zusammenhalten: Reden gegen den Strom*, Freiburg i. Br. 2008, 125.

y la obra de Jesucristo que su existencia entera consiste en ser enviado para dar testimonio. Por eso, «el primer fundamento de toda teología de la misión está en la misión del Hijo por el Padre para la salvación del mundo»[4].

En Jesucristo, ser y misión son idénticos, él es enviado en su ser entero; lo cual significa a la vez que existe por completo a partir del Otro a quien él llama Padre, y por ello es el Hijo, como se expresa en la afirmación del Cristo joánico: «Mi enseñanza no es mía» (Jn 7,16). El ser característico del Hijo, que vive por entero desde el Padre y no le opone nada propio, sino que se sabe enviado suyo, queda ampliado en los discursos joánicos de despedida también al Espíritu Santo, del que se afirma: «No hablará por su cuenta, sino que dirá lo que oye» (Jn 16,13). Se hace patente así que la dimensión cristológica de la idea de misión está abierta por sí misma a su dimensión trinitaria y despeja la mirada hacia Dios Padre, que en el envío del Hijo no solo se dona a sí mismo al mundo, sino que se revela también como el bien supremo, que se reparte como amor, dándose a los seres humanos.

De la fundamentación trinitaria de la *missio ad gentes* deriva también por sí misma la dimensión eclesiológica. Pues Jesús da parte en su misión sobre todo a los Doce, con cuya elección señala su propia misión en Israel de congregar de nuevo la *qahal* veterotestamentaria y hacer de ella la base de su comunidad de seguidores. La figura de los Doce,

---

4.   J. RATZINGER, «Considerationes quoad fundamentum theologicum missionis Ecclesiae = Überlegungen zur theologischen Grundlage der Sendung (Mission) der Kirche», en *Gesammelte Schriften* 7/1: *Zur Lehre des Zweiten Vatikanischen Konzils: Formulierung – Vermittlung – Deutung*, Freiburg i. Br. 2012, 223-236, cit. 223 [trad. esp.: «Considerationes quoad fundamentum theologicum missionis Ecclesiae = Consideraciones sobre el fundamento teológico de la misión de la Iglesia», en *Obras completas* 7/1: *Sobre la enseñanza del Concilio Vaticano II: Formulación, transmisión, interpretación*, BAC, Madrid 2014[2], 178-190, cit. 178].

creada por Jesús, pasó después de Pascua al ministerio de los apóstoles, por cuanto el Resucitado implica también a sus discípulos en su misión: «Como el Padre me envió, yo os envío a vosotros» (Jn 20,21). Como Jesús es enviado del Padre, así el apóstol es enviado de Jesucristo. Con ello, el ministerio apostólico queda anclado en el centro cordial de la cristología, como el papa Benedicto XVI ha recalcado: «El apostolado aparece, pues, como un ministerio fundado cristológicamente; si el envío significa una representación de quien envía y por tanto una mediación respecto a él, entonces este ministerio central de la Iglesia naciente está cualificado sin duda como servicio de mediación»[5]. De la esencia de esa mediación forma parte el sostenerse o caer con el desprendimiento personal del enviado, en cuanto que solo actúa desde su condición de ser enviado por Jesucristo y, en consecuencia, no se predica a sí mismo, sino que solo transmite lo que él mismo ha recibido y, por tanto, confiesa asimismo: «Mi enseñanza no es mía».

De este modo, el envío del Hijo desde el Padre para la salvación del mundo se continúa en la misión de la Iglesia como cuerpo de Cristo. Desde Cristo, la propia Iglesia se patentiza como «enviada» y como «envío» para dar testimonio, tal como el Resucitado mismo prometió a sus discípulos: «Seréis testigos míos en Jerusalén, Judea y Samaría y hasta el confín del mundo» (Hch 1,8). En este envío para dar testimonio se funda el que la Iglesia haya de sobrepujarse a sí misma y esté enviada permanentemente a los hombres: «Nunca se basta a sí misma, sino que permanece como aquel movimiento de difusión de la bondad divina que se

---

5.   J. RATZINGER, «Der Priester als Mittler und Diener Christi im Licht der neutestamentlichen Botschaft», en *Theologische Prinzipienlehre: Bausteine zur Fundamentaltheologie*, München 1982, 281-299, cit. 288.

funda en la misión del Hijo, en este "desbordamiento" del amor divino»[6]. En consecuencia, si la misión en su identidad íntima es amor, que se entrega a los otros como Dios ha entregado su propio Hijo a los hombres, entregándose él mismo, solo puede acontecer siempre en amor: «Misión no es una suerte de conquista que quisiera incorporar a otros a sí. La misión es en primer lugar testimonio de la caridad divina, que se ha manifestado en Cristo»[7].

Si consideramos en conjunto las dimensiones cristológica, trinitaria y eclesiológica de la misión, el fundamento más profundo de la misión cristiana reside en el origen divino de la enseñanza de Jesucristo y en la convicción creyente de que en esa enseñanza se contiene la verdad sobre Dios, sobre los seres humanos y sobre el mundo. Este convencimiento fundamental ha sido recordado por la Congregación para la Doctrina de la Fe en el año jubilar 2000 con su declaración *Dominus Iesus*, en la que se reflexiona a propósito sobre la singularidad y universalidad salvífica de Jesucristo junto con las de la Iglesia[8].

Cierto que la convicción creyente se topa actualmente con una gran dificultad. Porque en la sociedad actual, caracterizada por la multirreligiosidad, existe una fuerte tendencia a considerar las diversas religiones como expresiones relativas de un absoluto subyacente a todas ellas en conjunto. De ahí se impone la suposición de que tampoco Dios se ha revelado definitivamente en la figura histórica de Jesús de Nazaret, sino solo de cara a un determinado sector cultural, con lo cual se vuelve obsoleta la convicción creyente de que Jesucristo es el mediador único, y por tanto universal, de la salvación para

---

6. J. RATZINGER, *op. cit.* (n. 4), cit. p. 224 [trad. esp.: 179].
7. *Ibid.*, 225 [trad. esp.: 179].
8. M. GAGLIARDI, *La dichiarazione «Dominus Iesus» a dieci anni dalla promulgazione*, Lindau 2010.

todos los humanos. Con esta postura del pluralismo religioso, que también repercute hoy en la Iglesia, ciertamente no solo se pone en juego la identidad del cristianismo y de la Iglesia, sino que se le remueve el suelo a toda misión[9].

3. La misión como realización identitaria de la Iglesia

A consecuencia de ello, el lema de la misión de la Iglesia ha adquirido una resonancia negativa para mucha gente, incluso cristiana. Muchos vinculan enseguida, y casi exclusivamente, la palabra y la práctica de la misión con recuerdos penosos y asociaciones negativas, en especial con referencia a la problemática conexión, históricamente rastreable, entre colonialismo y acción misionera. Al iniciarse la fase final de la descolonización a mediados del siglo pasado, esa conexión vino como a ponerse patas arriba, por cuanto se enlazó el final del colonialismo con el postulado de que también habría de acabar la actividad misionera de la Iglesia.

3.1. *El enfoque misionero del Concilio Vaticano II*

En vista de esa crisis elemental en que había caído la idea de misión a mitad del pasado siglo, el Concilio Vaticano II puso de relieve el saber fundamental de que la misión es una dimensión esencial de la Iglesia y pertenece a la identidad más honda de la fe cristiana. Destacó el mandato misionero de la Iglesia, teológicamente ineludible, y estimuló en forma renovada a la evangelización[10]. Con solo repasar, aunque sea por

---

9. Cf. R. Schwager, *Christus allein? Der Streit um die pluralistische Religionstheologie*, Freiburg i. Br. 1996.
10. Cf. K. Koch, «Evangelisierung aus der "quellhaften Liebe" heraus», en M. Delgado y M. Sievernich (eds.), *Die großen Metaphern des Zweiten Vatikanischen Konzils: Ihre Bedeutung für heute*, Freiburg i. Br. 2013, 355-372.

encima, los documentos doctrinales del Concilio, enseguida llama la atención que, en cuanto al tema de la misión, no se trata en absoluto de un planteamiento secundario ni tampoco meramente de uno más de los temas sueltos, que pudiera elaborarse solo con una declaración particular, sino que más bien se trata de una cuestión perteneciente al núcleo de los intereses conciliares.

Esta importante perspectiva se puede ilustrar primeramente con una breve mirada a la constitución pastoral *Gaudium et spes* sobre la Iglesia y el mundo actual. El Concilio, «tras haber profundizado en el misterio de la Iglesia, se dirige ahora no solo a los hijos de la Iglesia católica y a cuantos invocan a Cristo, sino a todos los hombres, con el deseo de anunciar a todos cómo entiende la presencia y la acción de la Iglesia en el mundo actual»[11]. Con este anuncio programático, la constitución pastoral, ya desde su comienzo, no solo introduce en su temática fundamental de la misión de la Iglesia en el mundo, sino que pone de manifiesto también la conexión de fondo con la constitución dogmática sobre la Iglesia *Lumen gentium*, en la que se expone cómo la misión de la Iglesia se realiza como en círculos concéntricos[12]: La Iglesia pone su atención primeramente en «los fieles católicos», luego en todos «aquellos que se honran con el nombre de cristianos, por estar bautizados» y finalmente en «los que todavía no recibieron el Evangelio». A este tercer círculo más exterior es al que se refiere la actividad misionera de la Iglesia.

La importancia fundamental del tema de la misión en el Concilio Vaticano II se puede deducir también del hecho de que prácticamente en todas las constituciones, decretos y declaraciones se expresó sobre el mandato misionero de

---

11. *Gaudium et spes* 2.
12. *Lumen gentium* 14-16.

la Iglesia[13]. Por ejemplo, en la constitución dogmática *Dei Verbum* sobre la divina revelación, el evangelio está en el centro en el sentido de que la evangelización debe efectuarse en la palabra y en la vida entera de la Iglesia. La constitución *Sacrosanctum Concilium* señala la liturgia como el lugar privilegiado del anuncio del evangelio. La constitución dogmática sobre la Iglesia *Lumen gentium* se hace cargo de la misión peculiar de todos los bautizados de empapar su mundo vital concreto con el fermento del evangelio cristiano. Y en la constitución pastoral *Gaudium et spes* sobre la Iglesia y el mundo actual, el tema central es el testimonio creyente de la Iglesia en el mundo. Cuanto se puso de relieve en todos los documentos doctrinales importantes del Concilio con respecto a la acción misionera de la Iglesia halla su exposición concisa en el decreto *Ad gentes* sobre la actividad misionera de la Iglesia, que comienza con esta programática frase: «La Iglesia, enviada por Dios a las gentes para ser "el sacramento universal de la salvación", obedeciendo el mandato de su Fundador, por exigencias íntimas de su misma catolicidad, se esfuerza en anunciar el Evangelio a todos los hombres»[14].

El fundamento esencial de la omnipresencia de la temática misionera en los documentos conciliares consiste en que el Concilio Vaticano II inserta el mandato misionero de la Iglesia en el vasto horizonte del plan salvífico universal de Dios para con la humanidad, el cual apunta a la reunión escatológica de todos los

---

13. Cf. J. RATZINGER, «Konzilsaussagen über die Mission außerhalb des Missionsdekrets», en *Das neue Volk Gottes: Entwürfe zur Ekklesiologie*, Düsseldorf 1969, 376-403; ahora en ÍD., *Gesammelte Schriften 7/2: Zur Lehre des Zweiten Vatikanischen Konzils: Formulierung – Vermittlung – Deutung*, Freiburg i. Br. 2012, 919-951 [trad. esp.: «Afirmaciones del Concilio sobre la misión fuera del Decreto sobre la actividad misionera», en *Obras completas 7/2: Sobre la enseñanza del concilio Vaticano II: Formulación, transmisión, interpretación*, BAC, Madrid 2016, 862-894].

14. *Ad gentes* 1.

pueblos, prometida por los profetas veterotestamentarios: «La actividad misional es nada más y nada menos que la manifestación o epifanía del designio de Dios y su cumplimiento en el mundo y en su historia, en la que Dios realiza abiertamente, por la misión, la historia de la salud»[15]. Al recalcar el carácter epifánico de la misión, el Concilio pone de relieve que de la esencia más honda de la Iglesia forma parte su envío para la evangelización del mundo y que la Iglesia existe para evangelizar: «La Iglesia peregrinante es misionera por su naturaleza»[16].

El Concilio designa por ello la obra de la evangelización como «deber fundamental del Pueblo de Dios» y hace un llamamiento a todos los bautizados a una renovación interior en profundidad, puesto que, teniendo «viva conciencia de su responsabilidad para con el mundo, han de consagrar sus fuerzas a la obra de la evangelización»[17]. Se pone de manifiesto ahí que el tema misional es en el Concilio de una importancia tan fundamental que hay que valorar que en el Concilio lo opuesto a «conservador» no es «progresista», sino «misionero», y que el Concilio ha marcado «el tránsito de un comportamiento conservador a uno misionero»[18].

3.2. *La nueva evangelización como clave del magisterio pontificio*

Tras el Concilio Vaticano II, los papas pusieron el convencimiento misionero –por el que aquel estuvo marcado a nivel

---

15. *Ibid.* 9.
16. *Ibid.* 2.
17. *Ibid.* 35.
18. J. RATZINGER, «Weltoffene Kirche? Überlegungen zur Struktur des Zweiten Vatikanischen Konzils», en *Das neue Volk Gottes: Entwürfe zur Ekklesiologie*, Düsseldorf 1969, 282-301, cit. 300; ahora en ÍD., *Gesammelte Schriften 7/2: Zur Lehre des Zweiten Vatikanischen Konzils: Formulierung – Vermittlung – Deutung*, Freiburg i. Br. 2012, 980- 1002, cit. 1001 [trad. esp. cit. en n. 13, pp. 922-944, cit. 943].

fundamental– en el centro de la vida eclesial, sobre todo desde la perspectiva directriz de la nueva evangelización, potenciando y profundizando así con una admirable continuidad y coherencia la recepción del tema de la misión, tan importante para el Concilio[19].

En vista de los nuevos desafíos y con ocasión del décimo aniversario de la conclusión del Concilio, Pablo VI publicó en 1975 su magnífica exhortación apostólica *Evangelii nuntiandi*, en la que situaba en la actividad evangelizadora de la Iglesia su definición identitaria más elemental: «Evangelizar constituye, en efecto, la dicha y vocación propia de la Iglesia, su identidad más profunda. Ella existe para evangelizar»[20]. Puesto que Pablo VI diagnosticó la profunda ruptura entre el evangelio cristiano y la cultura secular como el auténtico drama de la humanidad actual, esperaba que un impulso misionero nuevo supusiera también la curación de esa ruptura.

El papa Juan Pablo II estimuló en su largo pontificado una nueva evangelización totalizante como camino pastoral de la Iglesia hacia el futuro, subrayando claramente que no se trataba de una «re-evangelización», sino de una «nueva evangelización», con una triple novedad: «Nueva en su ardor, en sus métodos, en su expresión»[21]. Sobre todo en su encíclica *Redemptoris missio* sobre la permanente validez del mandato misionero, el papa Juan Pablo II recalcó que estamos en el comienzo de una nueva fase de la misión cristiana y que

---

19. Cf. PONTIFICIO CONSIGLIO PER LA PROMOZIONE DELLA NUOVA EVANGELIZZAZIONE (ed.), *Enchiridion della nuova evangelizzazione: Testi del Magistero pontificio e conciliare 1939-2012*, Città del Vaticano 2012.

20. PABLO VI, *Evangelii nuntiandi* 14.

21. *Predigten und Ansprachen von Papst Johannes Paul II. bei seiner Apostolischen Reise nach Mittelamerika vom 2. bis 10. März 1983*, Bonn 1983, 120: JUAN PABLO II, discurso a la Asamblea del CELAM, Port-au-Prince (Haití), 9 marzo 1983.

el envío para la evangelización del mundo pertenece a la identidad más honda de la Iglesia.

En el centro del compromiso del papa Benedicto XVI con
la nueva evangelización ha estado el empeño por llenar el contenido de ese programa con el kerigma cristológico y revitalizar de ese modo el testimonio de Jesucristo. Para profundizar
en ese programa, instituyó su propio consejo pontificio para la
promoción de la nueva evangelización, con el convencimiento
de que en la raíz de toda evangelización no hay «un proyecto
humano de expansión», sino, por el contrario, «el deseo de
compartir el don inestimable que Dios ha querido darnos,
haciéndonos partícipes de su propia vida»[22].

El programa de la nueva evangelización es continuado
hoy de manera consecuente por el papa Francisco, en gran
medida sobre la base de los impulsos misioneros contenidos en el mensaje proclamado en la V Conferencia General
del Episcopado Latinoamericano y del Caribe, en la que el
entonces cardenal Bergoglio tuvo parte relevante y que
él, con un particular reconocimiento del impulso misionero
del papa Pablo VI, denominó «la *Evangelii nuntiandi* de Latinoamérica». Con su propia exhortación apostólica *Evangelii
gaudium*, el papa Francisco ha querido invitar a los fieles
cristianos «a una nueva etapa evangelizadora»[23], que debe
proponerse «una transformación misionera de la Iglesia» en
una «Iglesia en salida»[24].

4. Caminos creíbles de misión

A luz de las directrices del Concilio y de los papas posteriores al Concilio, queda patente que la misión de la Iglesia

---

22. BENEDICTO XVI, *motu proprio Ubicumque et semper*, 21 sept. 2010.
23. FRANCISCO, *Evangelii gaudium* 1.
24. *Ibid.* 19-23.

pertenece a su más honda identidad y consiste nuclearmente en dar testimonio en el mundo del amor de Dios. Pues, como ha destacado el Concilio Vaticano II, la Iglesia peregrinante es «misionera por su naturaleza» y por tanto está «enviada en camino», «puesto que toma su origen de la misión del Hijo y del Espíritu Santo, según el designio de Dios Padre», designio que a su vez dimana del «amor fontal o de la caridad de Dios Padre» que nos sale al encuentro[25]. De aquí que en el siguiente paso hayamos de preguntarnos qué condiciones se han de cumplir para que la misión cristiana pueda realizarse de un modo creíble.

4.1. *Misión sin proselitismo*

La primera condición fundamental consiste en que el dinamismo misionero solo puede vivir cuando los cristianos transmiten con generosidad el mensaje del evangelio como un magnífico regalo que se les ha confiado, invitando a aceptarlo, pero sin imponerlo de ninguna manera a otras personas. La misión cristiana es un proceso en absoluta libertad, que está dirigido a la libertad de otros, sin apremio alguno. La misión es invitación en libertad a la libertad de las otras personas para aceptar la comunicación y entrar en un diálogo vitalizador. Por consiguiente, toda forma de proselitismo es contraria a lo cristiano.

El término *proselitismo* hace referencia a un problema del que se tiene que ocupar cualquier reflexión misionológica para no lastrar la misión cristiana con una grave hipoteca del pasado, que el movimiento ecuménico ya se planteó tempranamente. A partir del documento de estudio aprobado por la asamblea general del Consejo Ecuménico de las Iglesias en Nueva Delhi en 1961, en el debate ecuménico se entiende

---

25. *Ad gentes* 2.

por proselitismo todo procedimiento de una comunidad religiosa para ganar nuevos miembros a toda costa y empleando cualquier medio efectivo, que en el mencionado documento recibe el siguiente juicio: «El proselitismo no es simplemente algo distinto del auténtico testimonio: es la corrupción del testimonio. El testimonio queda corrompido cuando –oculta o abiertamente– son empleadas técnicas de persuasión, soborno, presión ilícita o intimidación para conseguir una presunta conversión»[26]. Esta connotación negativa, que ha llegado a predominar en el movimiento ecuménico, la hizo suya también el Concilio Vaticano II al rechazar toda forma de proselitismo en la declaración *Dignitatis humanae* sobre la libertad religiosa. En este sentido se pone de relieve ante todo que «en la divulgación de la fe religiosa y en la introducción de costumbres hay que abstenerse siempre de cualquier clase de actos que puedan tener sabor a coacción o a persuasión inhonesta o menos recta, sobre todo cuando se trata de personas rudas o necesitadas»[27].

Con esta declaración, el Concilio se planteó la nada fácil cuestión de cómo compaginar el mandato misionero de la Iglesia con el principio de la libertad religiosa y con el rechazo, fundado en él, de todo tipo de proselitismo[28]. Para evitar el posible malentendido de que con la declaración sobre la libertad religiosa el Concilio hubiera dado paso también al final de la actividad misionera, en el artículo 14 de *Dignitatis humanae* se constata inequívocamente: «Por voluntad de Cristo la Iglesia católica es la maestra de la verdad, y su misión consiste en anunciar y enseñar auténticamente la verdad, que es Cristo, y al mismo tiempo declarar y confirmar con su autoridad los

---

26. F. LÜPSEN (ed.), *Neu Delhi-Dokumente*, Witten 1962, 104-106.
27. *Dignitatis humanae* 4.
28. Cf. J. HAMER e Y. CONGAR (eds.), *Die Konzilserklärung über die Religionsfreiheit*, Paderborn 1967.

principios de orden moral que fluyen de la misma naturaleza humana».

La declaración conciliar sobre la libertad religiosa, por tanto, no compromete en absoluto a renunciar al testimonio misionero de la Iglesia en pro de la verdad de la fe. Pero sí compromete a renunciar en la actividad misionera a todo medio inadecuado para la buena noticia de Jesucristo y a emplear únicamente los métodos del Evangelio, consistentes en el anuncio de la palabra y en el testimonio de la vida, incluso hasta el derramamiento de sangre. La Declaración del Concilio sobre la libertad religiosa ha hecho de este modo una contribución esencial para depurar y hacer más auténtica la actividad misionera de la Iglesia. De otro modo, de hecho, no puede llevarse a cabo la misión en el actual contexto vital, marcado por completo por el anhelo humano de libertad, como subrayó encarecidamente el papa Benedicto XVI en la inauguración de la V Conferencia General del Episcopado Latinoamericano y del Caribe, en Aparecida, en mayo de 2007: «La Iglesia no hace proselitismo. Crece mucho más por "atracción": como Cristo "atrae a todos a sí" con la fuerza de su amor, que culminó en el sacrificio de la cruz, así la Iglesia cumple su misión en la medida en que, asociada a Cristo, realiza su obra conformándose en espíritu y concretamente con la caridad de su Señor»[29]. Una evangelización atractiva carente de proselitismo es la prueba fáctica de una misión creíble.

4.2. *Misión y diálogo interreligioso*

La cuestión de la compatibilidad evangélica del mandato misionero de la Iglesia con el reconocimiento del principio de la libertad religiosa, que el Concilio considera fundada en la digni-

---

29. BENEDICTO XVI, homilía en la misa de inauguración de la V Conferencia General del Episcopado Latinoamericano y del Caribe, en la explanada del santuario de Aparecida, 13.05.2007.

dad de la persona humana, se plantea de modo más agudo en las sociedades de hoy, cada vez más multirreligiosas. El planteamiento es principalmente cómo se comporta la convicción de la absoluta verdad de la fe cristiana, punto de partida necesario de toda misión, al estar indisolublemente ligada a la profesión de la universalidad salvífica de Jesucristo y de su mensaje, respecto a la necesidad del diálogo interreligioso: ¿se compaginan mutuamente misión y diálogo interreligioso o la misión cristiana ha de ser reemplazada por el diálogo interreligioso?[30].

Para poder realizar la misión de modo creíble, la Iglesia tiene que partir de que la universalidad de la fe cristiana no implica la pretensión de absolutez de una verdad objetual, ubicada únicamente en el ámbito del conocimiento humano, de la que pudiéramos disponer nosotros y que pudiéramos hacer valer contra otras religiones. Es más bien lo contrario de toda polarización e incluso exclusión, de toda autosuficiencia e intolerancia. Pues la universalidad de la verdad, que la fe cristiana profesa, es la persona misma de Jesucristo, que dice de sí mismo: «Yo soy la verdad». Y esta verdad es el puro amor personal manifestado en Jesucristo, universal, inclusivo de todo y de todos, que no excluye a nadie ni nada, como puso de relieve el papa Juan Pablo II en su encíclica *Redemptoris missio*: «La universalidad de la salvación no significa que se conceda solamente a los que, de modo explícito, creen en Cristo y han entrado en la Iglesia. Si es destinada a todos, la salvación debe estar en verdad a disposición de todos»[31].

La Iglesia no puede renunciar, por principio, a esta profesión de fe en la universalidad de la verdad del amor de Dios manifestado en Jesucristo, tampoco en el actual concierto de

---

30.   Cf. K. KOCH, «Glaubensüberzeugung und Toleranz: Interreligiöser Dialog in christlicher Sicht»: *Zeitschrift für Missions- und Religionswissenschaft* 92 (2008), 196-210.

31.   JUAN PABLO II, *Redemptoris missio* 10.

las religiones, si no quiere desistir de su propia fe, y también de su servicio a los hombres. Pues el servicio indelegable del cristianismo en la dimensión pública de la sociedad consiste en hacer referencia a Jesucristo y al amor radical y universal de Dios, manifestado en él y visibilizado con máxima nitidez en la cruz de Jesús. En la cruz se patentiza Jesús como el Buen Pastor precisamente por haberse vuelto él mismo cordero, haberse puesto de parte de los corderos, de los pisoteados y sacrificados, haber entregado su vida por ellos y haber establecido reconciliación entre los seres humanos. La cruz de Jesús es el gran día de la expiación de Dios, el Yom Kipur permanente y universal. Por ello la cruz, que es el centro más hondo de la fe cristiana, no supone en absoluto un obstáculo para el diálogo interreligioso; más bien señala el camino decisivo para que sobre todo los judíos y los cristianos, pero también creyentes de otras religiones, se acepten mutuamente en una profunda reconciliación interior y con su mutua reconciliación se conviertan en fermento de paz para el mundo. Como cristianos, servimos al diálogo interreligioso cuando anunciamos a Cristo como el Buen Pastor junto con el amor universal de Dios, purificado en la cruz.

La confesión de la universalidad de la persona de Jesucristo y de la verdad absoluta de la fe cristiana en el Dios del amor es ciertamente una elevada pretensión, que en una primera y superficial mirada parece constituir «el mayor impedimento para edificar una relación constructiva entre las religiones». Sin embargo, mirado en profundidad hay que dar la razón al teólogo bíblico católico Thomas Söding cuando, al contrario, percibe en esa elevada pretensión el «posibilitar un diálogo que vaya más allá de un mero intercambio de cumplimientos»[32]. Solo a ese nivel se puede mantener hoy

---

32. T. Söding, *Einheit der Heiligen Schrift? Zur Theologie des biblischen Kanons*, Freiburg i. Br. 2005, 94.

también de modo creíble la reivindicación específica de verdad universal de la fe cristiana y solo con esa actitud básica se hace patente la misión cristiana, no como impedimento o incluso como contraposición al diálogo interreligioso, sino como camino para vincular entre sí con honestidad la convicción de fe cristiana y la libertad religiosa.

4.3. *Sinfonía de misión y ecumenismo*

El mantener la reivindicación de verdad de la fe cristiana y anunciar la salvación de Dios para todos en un mundo en que se produce tanta calamidad y existe tanta división solo resulta creíble si esa misión acontece de manera ecuménicamente reconciliada[33]. Estamos así ante un nuevo test de credibilidad del mandato misionero de la Iglesia, al que hizo referencia el papa Benedicto XVI al anunciar la institución del Pontificio Consejo para la Promoción de la Nueva Evangelización: «El desafío de la nueva evangelización interpela a la Iglesia universal, y nos pide también proseguir con empeño la búsqueda de la unidad plena entre los cristianos»[34].

El estrecho vínculo entre misión y ecumenismo nos sale al paso ya en los comienzos del movimiento ecuménico, en los que fue al mismo tiempo un movimiento misional. Su línea de avance encontró especial expresión en la primera Conferencia Misionera Mundial, que tuvo lugar en Edimburgo (Escocia) en 1910. Los participantes en esa conferencia tenían presente el escándalo de que las diversas Iglesias y comunidades eclesiales cristianas compitiesen en el trabajo misionero y hubiesen dañado la credibilidad del anuncio del evangelio de Jesucristo, sobre todo en continentes lejanos, por haber

---

33. Cf. K. Koch, «Die Bedeutung der Ökumene für die Neuevangelisierung»: *Catholica* 69 (2013), 1-18.
34. Benedicto XVI, homilía en las primeras vísperas de la solemnidad de los santos Pedro y Pablo, 28 junio 2010.

introducido en otras culturas, juntamente con el anuncio del evangelio, también las divisiones eclesiales europeas. Los participantes tomaron conciencia así de la dolorosa realidad de que la carencia de unidad entre los cristianos es el obstáculo mayor para la misión mundial. Pero, como solo es posible un testimonio fidedigno en el mundo si las Iglesias superan su separación en la fe y en la vida, sobre todo el obispo anglicano misionero Charles Brent promovió intensos esfuerzos para superar las diferencias en la doctrina de la fe y la estructura eclesial, que obstaculizan la unidad de las Iglesias.

Con tales puntos de vista, verdaderamente proféticos, no solo la primera Conferencia Misionera Mundial se convirtió en punto de partida del movimiento ecuménico moderno, sino que el mandato misionero de la Iglesia se ha ido convirtiendo, cada vez con mayor claridad, en uno de los temas importantes a tratar en la lista del ecumenismo. A partir de Edimburgo, el compromiso misionero y el interés ecuménico reciben aten- ción conjuntamente con intensidad creciente, y la misión y el ecumenismo se presentan como realidades gemelas, que se potencian y se exigen mutuamente. En efecto, puesto que la misión cristiana significa la reunión de los seres humanos dentro del amor único de Dios, manifestado en Jesucristo, que todo lo abarca, es también por sí misma un «signo de unidad»: «Como el pecado dispersa a los hombres, la fe los congrega en un único hombre nuevo: "Todos vosotros sois uno en Cristo Jesús" (Gal 3,28)»[35].

La visión de la estrecha conexión entre misión y ecu- menismo ha encontrado también plasmación normativa en el Concilio Vaticano II, que encuentra la motivación más profunda para ello en la dimensión escatológica de la misión cristiana. El capítulo segundo de la constitución dogmática sobre la Iglesia *Lumen gentium* la retrata sobre todo como

---

35.   J. RATZINGER, *op. cit.* en n. 4, cit. 234 [trad. esp.: cit. 188].

Pueblo de Dios, que se encuentra peregrinando en la tierra entre el *ya* y el *todavía no*, está en camino a través de la historia y asume su tarea misionera, entendiendo así a la propia Iglesia como movimiento escatológico. El movimiento ecuménico está integrado también en esta dinámica, y en eso está unido al movimiento misionero. Por ello misión y ecumenismo se evidencian como las dos figuras fundamentales del camino escatológico de la Iglesia, como pone de relieve el cardenal Walter Kasper: «Una Iglesia misionera debe ser también una Iglesia ecuménica; una Iglesia ecuménicamente comprometida es condición *sine qua non* de una Iglesia misionera»[36].

La percepción de un estrecho vínculo entre misión y ecumenismo no ha perdido hoy tampoco nada de actualidad, como el papa Francisco recalca con énfasis sobre todo en su exhortación apostólica *Evangelii gaudium*. Hoy también sigue apareciendo la división de la cristiandad como el obstáculo más fuerte para una evangelización creíble. Por eso insiste en que «la credibilidad del anuncio cristiano sería mucho mayor si los cristianos superaran sus divisiones»[37], que causan grave daño a la credibilidad del evangelio: «Dada la gravedad del antitestimonio de la división entre cristianos, particularmente en Asia y en África, la búsqueda de caminos de unidad se vuelve urgente. Los misioneros en esos continentes mencionan reiteradamente las críticas, quejas y burlas que reciben debido al escándalo de los cristianos divididos». Por tanto, a los ojos del papa Francisco, «el empeño por una unidad que facilite la acogida de Jesucristo deja de ser mera diplomacia o

---

36. W. KASPER, «Eine missionarische Kirche ist ökumenisch», en *Gesammelte Schriften* 14: *Wege zur Einheit der Christen*, Freiburg i. Br., 2012 [trad. esp.: «Una Iglesia misionera es ecuménica», en *Caminos hacia la unidad de los cristianos*, OCWK 14, Sal Terrae, Santander 2014], 621-634, cit. 623.
37. FRANCISCO, *Evangelii gaudium* 244.

cumplimiento forzado, para convertirse en un camino ineludible de la evangelización»[38].

Desde luego, la estrecha vinculación entre misión y búsqueda ecuménica de la unidad entre cristianos es tan antigua como el cristianismo y se remonta al mismo Cenáculo, en el que Jesús antes de su pasión y muerte ruega por la unidad de sus discípulos, «*para que* el mundo crea que tú me enviaste» (Jn 17,21). Con esta frase final en la oración-testamento del Señor, el evangelista Juan expresa que la unidad entre los discípulos no puede ser un fin en sí misma, sino que está al servicio de un anuncio convincente del evangelio de Jesucristo y representa la condición ineludible para la credibilidad del mensaje cristiano. La finalidad del ruego por la unidad, como pone de relieve el papa Benedicto XVI en su explicación de la oración sacerdotal de Jesús, consiste en que «a través de la unidad de los discípulos se haga visible a los hombres la verdad de su misión» y Jesús mismo quede «legitimado». «Se hace patente que Él es realmente el "Hijo"»[39].

5. La alegría como clave de la misión cristiana

De aquí se abre la mirada a la perspectiva conclusiva, pero muy importante, de que en el centro de la misión cristiana está el evangelio de Jesucristo y, en consecuencia, la dinámica misionera solo tiene vida si surge de la alegría del evangelio y da testimonio de ella en virtud del deseo de compartir con otras personas el regalo inestimable que Dios nos ha hecho a nosotros. En la fe nos hacemos cargo los cristianos de que

---

38. *Ibid.* 246.
39. J. RATZINGER/BENEDICTO XVI, *Jesus von Nazareth* 2: «Vom Einzug in Jerusalem bis zur Auferstehung, Freiburg i. Br. 2011, 113-114 [trad. esp.: *Jesús de Nazaret* 2: *Desde la entrada en Jerusalén hasta la Resurrección*», Encuentro, Madrid 2011[2], 117s].

ya la primera palabra con que da comienzo la historia de salvación neotestamentaria es una palabra de alegría: la salutación a María por el arcángel Gabriel: «*Chaîre* [¡Alégrate!]» (Lc 1,28). Alegría es el contenido central del mensaje de Dios, llamado evangelio. La alegría no se halla solo en la palabra *evangelio*, sino que contagia a todos los que oyen el evangelio, lo anuncian y lo viven. Por cuanto el Evangelio comienza con esa palabra primera de alegría, se hace visible a la vez que el cristianismo es en su núcleo íntimo alegría, más aún, empoderamiento divino para la alegría.

El cristianismo es la religión de la alegría, porque en primer término proclama la alegría de Dios por su creación. De ella se sigue la alegría que los cristianos podemos tener por Dios. Anunciar esa alegría por Dios es la misión más importante de la cristiandad actual, como Benedicto XVI ha puesto de relieve una y otra vez: «La alegría por Dios, la alegría por la revelación de Dios, por suscitar de nuevo la amistad con Dios, me parece una tarea acuciante de la Iglesia en nuestro siglo. Las palabras que el sacerdote Esdras gritó tras el exilio a su pueblo un tanto desanimado son igualmente aplicables a nosotros: «La alegría del Señor es nuestra fuerza» (Neh 8,10)[40]. También para el papa Francisco es la alegría una palabra clave, que ha hecho resonar ya en su primera exhortación apostólica, *La alegría del evangelio*, convencido como está de que «con Jesucristo siempre nace y renace la alegría» y de que por ello necesitamos «una nueva etapa evangelizadora, marcada por esa alegría»[41].

La alegría es el impulso más hondo de la misión de la Iglesia. Lo más sencillo es esclarecerla con una verdad que sale

---

40.   J. RATZINGER, «Die Kirche an der Schwelle des 3. Jahrtausends», en *Weggemeinschaft des Glaubens: Kirche als Communio*, Augsburg 2002, 248-260, cit. 259.

41.   FRANCISCO, *Evangelii gaudium* 1.

de la boca del pueblo: «De la abundancia del corazón habla la boca». Esta verdad la sabemos por propia experiencia: cuando las personas han vivido algo maravilloso, por ejemplo cuando han vuelto a casa después de unas vacaciones estupendas, no se requiere estímulo alguno, ni menos un imperativo, para que cuenten lo que han vivido. Más bien lo van a hacer espontáneamente. A veces las palabras brotan de su boca para hacernos partícipes de su experiencia. «De la abundancia del corazón habla la boca»: esta verdad vale tanto más para la fe cristiana en la medida en que colma el corazón de los cristianos, de modo que empiezan por sí mismos a anunciar el evangelio, a hablar de Dios a otras personas y a comunicar la alegría de que ellos mismos están llenos.

De aquí que la misión cristiana no acontezca hoy tanto mediante publicidad consumista o difundiendo muchos papeles, ni tampoco a través de los medios de comunicación. El medio decisivo para irradiar a Dios son los propios cristianos y cristianas, que viven su fe de modo creíble y así proporcionan al evangelio un rostro personal. Si a nosotros nos ilumina realmente Cristo como luz del mundo, lo irradiaremos espontáneamente, seremos cristianos y cristianas con irradiación, nuestra vida vendrá a ser como esas velas finlandesas, que, como es sabido, arden dando luz de dentro hacia fuera[42]. Un cristianismo misionero necesita, sobre todo, personas bautizadas, cuyo corazón esté abierto por Dios y cuya razón esté iluminada por la luz divina, de modo que su corazón pueda

---

42. Cf. K. Koch, «Das Gute selbst ist kommunikativ – "bonum diffusivum sui": Evangelisierung als Wirkung eines strahlenden Glaubens», en G. Augustin (ed.), *Die Strahlkraft des Glaubens: Identität und Relevanz des Christseins heute*, Freiburg i. Br. 2016, 45-67 [trad. esp.: «El bien es comunicativo por sí mismo: *Bonum diffusivum sui*; La evangelización como efecto de una fe radiante», en G. Augustin (ed.), *La fuerza radiante de la fe: Identidad y relevancia del ser cristiano hoy*, Sal Terrae, Santander 2016, 53-78].

tocar el corazón de otros y su razón pueda hablar a la razón de otros. Solo por medio de personas tocadas ellas mismas por Dios puede Dios hoy también llegar a la gente.

Necesitamos hoy una nueva iniciativa misionera, como la que ha emprendido el papa Francisco. Con ocasión del centenario de la exhortación apostólica *Maximum illud* del papa Benedicto XV sobre la labor de los misioneros en todo el mundo, convocó un mes extraordinario dedicado a la misión mundial en octubre de 2019, con la finalidad de «despertar de nuevo con fuerza la conciencia de la *missio ad gentes* y recuperar con nuevo impulso la transformación misionera de la vida y de la acción pastoral». Un llamamiento al que solo podemos responder adecuadamente recapacitando sobre el mandato misionero fundamental de los cristianos y de la Iglesia, que reside en el testimonio de la fe y de la alegría cristiana auténtica que concede el evangelio de Jesucristo.

3

La Iglesia es misionera

NIKOLA ETEROVIĆ

Jesús les dijo: «Id por todo el mundo proclamando la Buena Noticia a toda la humanidad. Quien crea y se bautice se salvará; quien no crea se condenará» (Mc 16,15-16). Estas palabras de Jesucristo resucitado y presente en medio de sus discípulos son como el testamento que el Maestro confía a los suyos. Son el motor de la actividad misionera en todos los tiempos de la historia de la Iglesia. Esa voluntad suya está bien documentada en los libros del Nuevo Testamento (1). Tras un breve bosquejo histórico de las misiones realizadas en los diversos continentes (2) y de las afirmaciones magisteriales de la Iglesia (3), el centro de gravedad de la presente aportación reside en la situación actual de la actividad misionera en el mundo de hoy, en especial en los países fuertemente secularizados del continente europeo, por ejemplo en Alemania (4). Las reflexiones terminan con algunas observaciones conclusivas (5).

1. El mandato de Jesús

Antes de su ascensión al cielo (cf. Mc 16,19), Jesucristo encomendó a sus apóstoles la misión de predicar el evangelio, la buena noticia. Al final de su relato evangélico, el evangelista Marcos expone que los discípulos llevaron a la práctica el mandato del Señor: «Ellos salieron a predicar por todas partes, y el Señor los asistía y confirmaba la Palabra con las señales que la acompañaban» (Mc 16,20). Que se trata de una importante expresión de la voluntad de Jesucristo lo atestigua el hecho de que ese envío ocupa también un amplio espacio en los otros dos evangelios sinópticos. El evangelista Mateo transmite las palabras del Señor resucitado: «Me han concedido plena autoridad en cielo y tierra. Por tanto, id a hacer discípulos entre todos los pueblos, bautizadlos consagrándolos al Padre y al Hijo y al Espíritu Santo, y enseñadles a cumplir cuanto os he mandado. Yo estaré con vosotros siempre, hasta el fin del mundo» (Mt 28,18-30). También en el Evangelio de Lucas viene referida esa voluntad del Señor Jesús. El Resucitado aparece tras su pasión y muerte en medio de los suyos y recuerda a sus discípulos: «Así está escrito: que el Mesías tenía que padecer y resucitar de la muerte al tercer día; que en su nombre se predicaría penitencia y perdón de pecados a todas las naciones, empezando por Jerusalén» (Lc 24,46-47). Después de haber recordado a sus discípulos que tenían que ser testigos de ello, el evangelista añade: «Yo os envío lo que el Padre prometió. Por eso quedaos en la ciudad hasta que desde el cielo os revistan de fuerza» (Lc 24,49).

Jesús resucitado envía a los suyos en sintonía con la voluntad de Dios, su Padre. El domingo, primer día de la semana, «estaban los discípulos con las puertas bien cerradas, por miedo a los judíos. Llegó Jesús, se colocó en medio y les dice: Paz con vosotros» (Jn 20,19). Una vez que los discípulos reconocieron al Señor por las llagas de sus manos y su costado, el Resucitado les dijo de nuevo: «Paz con vosotros. Como el Padre me envió, así yo os envío a vosotros» (Jn 20,21). Jesucristo, triunfador glorioso sobre el pecado y la muerte, otorga a sus discípulos el Espíritu Santo, para que estén en condiciones de cumplir esa importante misión. «Dicho esto, sopló sobre ellos y añadió: Recibid el Espíritu Santo. A quienes les perdonéis los pecados les quedan perdonados; a quienes se los mantengáis les quedan mantenidos» (Jn 20,22-23). El Espíritu Santo es el actor principal en la misión de la Iglesia. Pues solo tras su descenso sobre los Once (cf. Hch 2,1-4), que junto con María y las otras mujeres estaban reunidos en oración en el cenáculo (cf. Hch 1,13-14), comienza la gloriosa historia de la difusión del evangelio desde Jerusalén hasta los confines de la tierra, lo cual equivalía en aquella época a la extensión territorial del Imperio romano. Lo transmite con claridad el libro de los Hechos de los Apóstoles. Hay que poner de relieve en especial los cuatro viajes apostólicos de san Pablo (Hch 13–14; 15,36-18,22; 18,23–21,15; Rom 15,2.28).

En su actividad misionera, los discípulos siguieron el ejemplo del Señor, cuya predicación comenzó con la llamada a la conversión: «¡Arrepentíos, que está cerca el reinado de Dios!» (Mt 4,17). Al mismo tiempo que la predicación de la palabra, acontecen milagros y signos: «Jesús recorría toda Galilea enseñando en las sinagogas, proclamando la Buena Noticia del reino y sanando entre el pueblo toda clase de enfermedades y dolencias» (Mt 4,23). También los apóstoles y los primeros cristianos, bajo la guía del Espíritu Santo, prosiguen la predicación de la buena noticia y curan enfermos de cuerpo y de espíritu (cf. Mt 10,1.8; Lc 9,1.2.9.17; Hch 3,1-10; 9,32-43). La predicación del evangelio va acompañada siempre por la promoción integral del ser humano. Al amor de Dios se ha de asociar el amor al prójimo.

2.   Panorama histórico de las misiones

La época apostólica fue un período de especial importancia en la gran obra de las misiones. Conforme a la providencia divina, un pequeño grupo de cristianos, bajo la guía del Espíritu Santo, llevó el evangelio desde Jerusalén a Roma y, por tanto, al mundo entonces conocido, es decir, hasta las fronteras del Imperio romano. En esa labor tuvieron también un papel positivo los trágicos sucesos que se dieron en la historia judía, como la destrucción de Jerusalén el año 70 d. C. por Tito, posteriormente emperador. También la persecución de los cristianos contribuyó a la difusión del evangelio de Jesucristo, pues los cristianos tuvieron que abandonar Tierra Santa y huir a otros países, a los que de este modo llevaron el testimonio evangélico y el celo por el anuncio del evangelio. Al mismo tiempo comenzó el exitoso intercambio con la cultura griega, sobre todo con la filosofía, y también con la cultura romana, distinguida sobre todo por el desarrollo del sistema jurídico. Gracias a muchos hombres santos y sabios, la Iglesia llegó gradualmente a una síntesis católica, asumiendo lo mejor de las cosmovisiones y los sistemas de pensamiento menciona-dos y depurándolos a la luz del Señor resucitado y de su evan-gelio. De este modo surgió una metodología misionera cató-lica, que se compone de tres pasos que siguen siendo actuales: el encuentro con una religión o cosmovisión; el rechazo de aspectos que en ella resultan incompatibles con el evangelio de Jesucristo; la aceptación de todo lo bueno que se encuentra allí. Esta aceptación produce una transformación con la gracia del Espíritu Santo. Esos aspectos cobran una belleza y riqueza nuevas, de las que se beneficia la Iglesia entera. La cual per-manece abierta a las aportaciones de otras culturas, con las que entra en contacto al cumplir su misión.

En la breve exposición de la información misionera de los distintos continentes, seguimos las descripciones que se hallan en las correspondientes exhortaciones apostólicas postsinoda-les[1]. Son resultado de las asambleas especiales del Sínodo de los Obispos, que tuvieron lugar, en particular durante el ponti-

---

1.   Cf. Nikola ETEROVIĆ, *Sinodi continentali: I Consigli Speciali del Sinodo dei Vescovi*, Libreria Editrice Vaticana, Vaticano 2013.

ficado de Juan Pablo II, como preparación al Gran Jubileo de los dos mil años de cristianismo. Estas referencias iluminan la consciencia de las Iglesias particulares respecto a la historia de salvación en sus países y su continente.

2.1. *África*

Se pueden distinguir tres fases en su historia de la misión[2]. La primera fase se refiere a los primeros siglos del cristianismo, comenzando por los tiempos apostólicos, en que fueron evangelizados Egipto y el norte de África. Tradicionalmente se vincula esa evangelización a la acción del evangelista Marcos. La floreciente comunidad eclesial en África se distinguió por numerosos santos, mártires, confesores, vírgenes y grandes teólogos. «Los escritos de los autores cristianos de África son todavía hoy fundamentales para profundizar, a la luz de la Palabra de Dios, en la historia de la salvación»[3]. Baste mencionar nombres como Orígenes, san Atanasio, san Cirilo, Tertuliano, san Cipriano, san Agustín; los grandes Padres del desierto: Pablo, Antonio, Pacomio, primeros fundadores del monaquismo, difundido después, siguiendo su ejemplo, en Oriente y Occidente; san Frumencio, llamado abba Salama, que, consagrado obispo por san Atanasio, fue apóstol de Etiopía. También hay que mencionar a los papas de origen africano Víctor I, Melquíades y Gelasio I. En esta lista no deben faltar las mujeres, entre las que es ineludible nombrar a las santas Felicidad y Perpetua, a santa Mónica y a santa Tecla.

La segunda fase, en los siglos XV y XVI, concierne a los países situados al sur del Sahara: las regiones del actual Benín, Santo Tomé, Angola, Mozambique y Madagascar. Es consecuencia de la exploración de la costa africana por los

---

2.   Cf. JUAN PABLO II, exhortación apostólica postsinodal *Ecclesia in África*, 14.9.1995, cap. II.
3.   *Ibid.* 31.

portugueses. Impulsados por el Espíritu Santo, los primeros misioneros llegaron en 1491 hasta la desembocadura del río Zaire, en Pinda, comenzando el proceso de evangelización. «Fue el Espíritu Santo, que obra a su modo en el corazón de los hombres, quien movió al gran rey del Congo Nzinga-a-Nkuwu a pedir misioneros para anunciar el Evangelio. Fue el Espíritu Santo quien animó la vida de aquellos primeros cuatro cristianos angoleños que, al regresar de Europa, dieron testimonio del valor de la fe cristiana»[4]. Fueron erigidas una serie de sedes episcopales. «Por diversas dificultades, la segunda fase de la evangelización de África se concluyó en el siglo XVIII con la extinción de casi todas las misiones en las regiones al sur del Sahara»[5].

La tercera fase «comenzó en el siglo XIX, período caracterizado por un esfuerzo extraordinario, llevado a cabo por los grandes apóstoles y animadores de las misiones africanas»[6]. El florecimiento de la Iglesia en África es uno de los milagros de la gracia de Dios, que ha producido numerosos frutos de santidad. En el año 1910, el número de los católicos ascendía a 6 689 000, el 5,3 % de la población africana[7]. Actualmente viven en África 234 millones de católicos, que representan el 19,2 % de la población del continente[8]. En el conjunto de los 1 313 millones de católicos bautizados, los africanos constituyen un 17,8 %.

A los santos de los primeros siglos se han venido a añadir los mártires de Uganda, canonizados por Pablo VI. «La serie de santos que África da a la Iglesia, serie que es su mayor

---

4.   *Ibid.* 32.
5.   *Ibid.*
6.   *Ibid.* 33.
7.   Cf. *Die Weltkirche im 20. Jahrhundert*, Herder, Freiburg-Basel-Wien 1985, 8.
8.   Cf. *Annuarium Statisticum Ecclesiae 2017*, Libreria Editrice Vaticana, 18.

título de honor, continúa creciendo. ¿Cómo no mencionar, entre los más recientes, a Clementina Anuarite, virgen y mártir de Zaire, que beatifiqué en tierra africana en 1985, a Victoria Rasoamanarivo, de Madagascar, y a Josefina Bakhita, de Sudán, beatificadas también durante mi pontificado? ¿Y cómo no recordar al beato Isidoro Bakanja, mártir de Zaire, que tuve el privilegio de elevar al honor de los altares durante la Asamblea especial para África?»[9]. San Juan Pablo II expresa el sentimiento común de los padres sinodales africanos ante el formidable crecimiento de la Iglesia en África y ante los frutos de santidad alcanzados, cuando escribe: Para ello «hay una sola explicación posible: todo eso es don de Dios, ya que ningún esfuerzo humano habría podido realizar una obra semejante en un período tan breve relativamente»[10].

2.2. Asia

Asia es el continente donde nacieron Jesús y la Iglesia[11]. El Señor Jesús vivió en la Tierra Santa y murió en Jerusalén, la ciudad que fue testigo del descenso del Espíritu Santo sobre los apóstoles (cf. Hch 2,1-11). Con ese acontecimiento vino al mundo la Iglesia y se extendió por la tierra entera, también por el continente asiático. El evangelio llegó también hasta la India, «adonde, según la tradición, santo Tomás apóstol llegó en el año 52 y fundó Iglesias en el sur del país»[12]. Durante los siglos III y IV fue extraordinario el espíritu misionero de la comunidad siria del este, que tenía su centro en Edesa. Armenia fue la primera nación que abrazó el cristianismo a fines del siglo III. «Al final del siglo V, el mensaje cristiano

---

9. JUAN PABLO II, exhortación apostólica postsinodal *Ecclesia in Africa* 34.
10. *Ibid.*
11. Cf. JUAN PABLO II, exhortación apostólica postsinodal *Ecclesia in Asia*, 6.11.1999, cap. I.
12. *Ibid.* 9.

llegó a los reinos árabes, pero, por muchas razones, incluidas las divisiones entre los cristianos, el mensaje no arraigó en esos pueblos»[13]. Mercaderes persas llevaron la buena nueva a China en el siglo V, y la primera iglesia cristiana se construyó a principios del siglo VII. Durante la dinastía T'ang (618-907 d. C.), la Iglesia floreció a lo largo de casi dos siglos, pero a fines del primer milenio experimentó una decadencia. En el siglo XIII hubo propósitos de evangelizar a los mongoles y a los turcos, y otra vez a los chinos, pero no tuvieron gran éxito. Un nuevo intento se dio en los siglos XVI y XVII a consecuencia del gran entusiasmo misionero de san Francisco Javier, y el papa Gregorio XV fundó en 1622 la Propaganda Fide, la actual Congregación para la Evangelización de los Pueblos, que dio instrucciones para una mejor inculturación del mensaje cristiano, respetando las culturas locales. Gracias al compromiso de varias congregaciones religiosas, fundadas también en Asia, en el siglo XIX se produjo un despertar de la actividad misionera.

«En el variado mundo cultural de Asia, la Iglesia afronta retos filosóficos, teológicos y pastorales específicos, y su tarea resulta aún más difícil por el hecho de que constituye una minoría, con la única excepción de Filipinas, donde los católicos son mayoría»[14]. Junto a las Filipinas, también se ha de mencionar aquí Timor Oriental. La Iglesia católica tuvo un buen desarrollo también en Vietnam, en Corea del Sur, en Singapur y en Hong Kong. Tiene tradicionalmente una buena presencia en el Líbano y la ha tenido en Siria hasta la trágica guerra. «Se están presentando nuevas posibilidades de anuncio del Evangelio en las regiones del Asia central, como por ejemplo en Siberia, o en los países que han logrado recientemente su independencia, como Kazajistán, Uzbekis-

13. *Ibid.*
14. *Ibid.*

tán, Kirguistán, Tayikistán y Turkmenistán»[15]. Hay países en los que hasta ahora los cristianos estaban aislados y ofrecen también mejores oportunidades para el evangelio como por ejemplo Laos, Birmania, Camboya y Mongolia. El número de los católicos crece en China, India e Indonesia. Hay además en Asia países donde los cristianos constituyen la mayoría de la población: Armenia, Georgia, Chipre y Rusia.

Los cristianos representan hoy el 7% de la población asiática, y la porción de los católicos se halla en el 3,3%[16]. Los católicos bautizados asiáticos constituyen el 11,1% de los fieles de la Iglesia católica.

2.3. *América*

En 1992, evocando el descubrimiento de América 500 años antes, se reflexionó sobre qué había significado el comienzo de la evangelización del nuevo continente. Ese importante acontecimiento fue recordado en la exhortación postsinodal *Ecclesia in America*[17]. En el año 1990, a la vista ya del V centenario de la evangelización del Nuevo Mundo, el santo papa Juan Pablo II promulgó una carta apostólica, en la que, entre otras cosas, escribe: «Quiero reiterar la valoración globalmente positiva sobre la actuación de los primeros evangelizadores, que eran en gran parte miembros de órdenes religiosas. Muchos tuvieron que actuar en circunstancias difíciles y, en la práctica, inventar nuevos métodos de evangelización, proyectados hacia pueblos y gentes de culturas diversas»[18]. El éxito

15. *Ibid.*
16. Cf. *Annuarium Statisticum Ecclesiae 2017*, Libreria Editrice Vaticana, 18.
17. JUAN PABLO II, exhortación apostólica postsinodal *Ecclesia in America*, 22.01.1999, 1 y 26.
18. JUAN PABLO II, carta apostólica a los religiosos y religiosas de América Latina con motivo del V centenario de la evangelización del Nuevo Mundo, 29.06.1990, 4.

de la evangelización se debe a la gracia de Dios y produjo muchos santos, que dedicaron su vida al anuncio del evangelio en el Nuevo Mundo. De entre esa pléyade de santos y bienaventurados, Juan Pablo II hizo memoria de los siguientes: «Pedro Claver, Francisco Solano, Luis Beltrán, Juan Macías, Rosa de Lima, Martín de Porres, Felipe de Jesús, Mariana de Jesús Paredes, Miguel Febres, Roque González y compañeros mártires, Pedro de San José Betancurt, Ezequiel Moreno, Ana de los Ángeles Monteagudo, Teresa de los Andes, Miguel Pro»[19].

La mayor parte de los pastores en las primeras diócesis fueron religiosos, que hicieron una contribución decisiva al establecimiento de la comunidad eclesial en América. En la carta apostólica se menciona a «fray Pedro Suárez de Deza, que emprendió la construcción de la primera catedral de vuestro Continente; a los pioneros de la jerarquía mexicana fray Juan de Zumárraga y fray Julián Garcés, que recibieron el título de "protectores de indios"; a fray Jerónimo Loaysa, promotor de los primeros sínodos limenses, de gran significado para la evangelización e implantación de la Iglesia en América. No hay que olvidar, sin embargo, que entre aquellos primeros pastores hubo también figuras destacadas del clero secular español, entre ellos santo Toribio de Mogrovejo, arzobispo de Lima, patrono del episcopado latinoamericano»[20].

Juntamente con la brillante luz, se dan, por desgracia, también sombras; entre ellas, los abusos y la explotación de la población indígena por parte de los colonizadores, a lo que se opusieron diversos misioneros. «Entre estos "intré-

---

19. *Ibid.* 10. Respecto a los nombres de los restantes santos y beatos, cf. JUAN PABLO II, exhortación apostólica postsinodal *Ecclesia in America* 15.
20. *Ibid.* 11.

pidos luchadores por la justicia, evangelizadores de la paz",
como los define el documento de Puebla, cabe recordar a
Antonio de Montesinos, Bartolomé de las Casas, Juan de
Zumárraga, Toribio de Benavente "Motolinía", Vasco
de Quiroga, Juan del Valle, Julián Garcés, José de Anchieta,
Manuel da Nóbrega y tantos otros que, con profundo sentido
eclesial, defendieron a los indígenas ante conquistadores y
encomenderos, pagando algunos incluso con el sacrificio de
la propia vida, como es el caso del obispo Antonio Valdi-
vieso». Estos personajes cumplieron bien su misión, pues
«otros religiosos, por su parte, apoyaron desde España la
labor de sus hermanos misioneros. Entre ellos sobresalen
Francisco de Vitoria y Domingo de Soto, quienes supie-
ron trazar las líneas maestras del derecho de los indígenas,
abriendo caminos seguros para el futuro derecho internacional de los pueblos»[21].

La evangelización del continente americano ha dado abundantes frutos. Actualmente hay en él 637 374 000 católicos, lo
cual constituye un 63,8 % del conjunto de la población. Del
total de 1 313 278 000 católicos, un 48,5 % viven en América.

2.4. *Europa*

Gracias a la providencia divina, Europa es el continente donde
el cristianismo se difundió ya en la época apostólica. El primero
que lo anunció fue el apóstol Pablo, que, impulsado por el Espíritu Santo, llegó hasta Macedonia (cf. Hch 16,8-10). Luego la
buena noticia se propagó en las diversas regiones de Europa.
Tienen especial importancia en Roma, capital del Imperio
romano, las misiones de san Pedro, primer obispo de Roma y
papa, y de san Pablo, el apóstol de los pueblos. Ambos sufrieron
el martirio entre los años 64 y 67. Su legado espiritual se con-

---

21. *Ibid.* 5.

serva en la sede episcopal de Roma, que preside la Iglesia en la caridad[22]. Los obispos de Roma, sucesores de san Pedro, tienen un papel determinante en la actividad misionera de la Iglesia católica. Captaron los signos de los tiempos, caracterizados por las invasiones de nuevos pueblos, que desde el norte y el este de Europa invadieron el territorio del Imperio romano, y enviaron misioneros a los pueblos paganos y les dieron su apoyo. Baste recordar a los siguientes santos heraldos del evangelio: Agustín de Canterbury (534-604), misionero en Inglaterra; Bonifacio (680-754), en Alemania; Cirilo (836-869) y Metodio (815-885), entre los pueblos eslavos.

La Europa oriental, en cambio, fue evangelizada preferentemente por medio de los esfuerzos misioneros de la Iglesia de Constantinopla, sede de la cristiandad bizantina.

San Juan Pablo II subrayó especialmente esa experiencia de una actividad misionera complementaria para la evangelización de Europa. «Desde el primer comienzo apostólico, que sembró el evangelio en suelo europeo, rociándolo con la sangre de los mártires, se desarrolló ese proceso centenario, continuo y fructífero que impregnó Europa con sangre cristiana. Los santos patrones de Europa son testigos particulares de este proceso: san Benito y los santos Cirilo y Metodio. El carisma peculiar de su labor evangelizadora consiste en que plantaron semillas y dieron vida a formas y estilos de encarnación del evangelio en el tejido cultural y social y en el alma de los pueblos europeos, que entonces se estaban formando, para revelarlos como comienzos y fundamentos de una síntesis nueva y duradera de la vida cristiana. Estos santos patronos, si constituyen un hito y un punto de referencia esencial en el proceso histórico de evangelización de Europa, también siguen siendo para nosotros un modelo inspirador actual, ya que la obra de evangelización, en la peculiar situación en la que hoy

---

22.   Cf. IGNACIO DE ANTIOQUÍA, *A los romanos* 1,1.

se encuentra Europa, es llamada a proponer una nueva síntesis creativa entre evangelio y vida»[23].

En la exhortación apostólica postsinodal *Ecclesia in Europa*, los cristianos son estimulados a redescubrir sus raíces y dar un nuevo impulso a la fe cristiana, que ha marcado la identidad de muchos pueblos europeos. «Al recordar todo esto, la Iglesia de hoy siente, con nueva responsabilidad, el deber apremiante de no disipar este patrimonio precioso y ayudar a Europa a construirse a sí misma, revitalizando las raíces cristianas que le han dado origen»[24].

A pesar del intenso proceso de secularización que se da en algunas regiones europeas, entre la población total de Europa, que alcanza el número de 719 077 000 personas, hay 285 771 000 católicos[25], lo cual supone un 39,7 %. La proporción de todos los cristianos llega al 60,1 %[26].

2.5. *Australia y Oceanía*

La evangelización de los países de Oceanía comenzó en el siglo XVI. Entre los misioneros que contribuyeron a implantar la fe cristiana en esa enorme región del mundo, hay santos y mártires. «Destacan entre esos testigos de la fe san Pedro Chanel, martirizado en 1841 en la isla de Futuna; los beatos Diego Luis de San Vitores y Pedro Calungsod, asesinados juntos en 1672 en Guam; el beato Giovanni Mazzucconi, martirizado en 1851 en la isla de Woodlark, y el beato Pedro To Rot,

---

23. JUAN PABLO II, discurso a los participantes en el VI Simposio del Consejo de Conferencias Episcopales de Europa, 11.10.1985.
24. JUAN PABLO II, exhortación apostólica postsinodal *Ecclesia in Europa*, 28.06.2003, 25.
25. Cf. *Annuarium Statisticum Ecclesiae 2017*, Libreria Editrice Vaticana, 18.
26. Cf. SWISS METADATABASE OF RELIGIOUS AFFILIATION IN EUROPE, *Religious Affiliation in Period 2006-2015*. Cf. https://www.smre-data.ch (cons. 12.12.2024).

asesinado en Nueva Bretaña en 1945 a finales de la Segunda Guerra Mundial. Junto con muchos otros, estos héroes de la fe cristiana contribuyeron, cada uno a su manera, a "implantar" la Iglesia en las islas de Oceanía»[27].

En la exhortación apostólica postsinodal viene descrita la actividad misionera en los distintos países. Con respecto a Australia, se dice: «La fe cristiana la trajeron los inmigrantes procedentes de Europa. Muchos sacerdotes y religiosos se les unieron, y su celo pastoral y labor educativa les ayudaron a vivir la vida cristiana en una tierra nueva y extranjera. Personas autóctonas llamadas al sacerdocio y a la vida religiosa, junto con muchos laicos, dieron su indispensable aportación al crecimiento de la Iglesia en Australia y al cumplimiento de su misión. Entre ellos destacó una extraordinaria consagrada, la beata Mary MacKillop, fallecida en 1909, a quien tuve la dicha de beatificar en 1995»[28]. La relación de la Iglesia con los aborígenes y los habitantes de las islas del estrecho de Torres no deja de ser importante, si bien difícil «debido a injusticias pasadas y presentes y a diferencias culturales. Más allá de estos retos, la Iglesia en Australia se encuentra ante muchos "desiertos" modernos, semejantes a los de otros países de Occidente»[29].

Desafíos semejantes tiene planteados la Iglesia también en Nueva Zelanda, cuyos habitantes originarios son los maoríes. «La colonización y la sucesiva inmigración han hecho de la nación una sociedad bicultural, en la que la integración entre maoríes y cultura occidental sigue siendo un reto acuciante. Fueron misioneros extranjeros los que en un principio anunciaron el evangelio al pueblo maorí. Después, cuando los

---

27. JUAN PABLO II, exhortación apostólica postsinodal *Ecclesia in Oceanía*, 22.11.2001, 7.
28. *Ibid.*, 6. El papa Benedicto XVI canonizó en Roma a la hermana Mary MacKillop el 17 de octubre de 2010.
29. *Ibid.*

colonos europeos acudieron en gran número, llegaron también sacerdotes y religiosos que contribuyeron a sostener y desarrollar la Iglesia»[30].

Papúa Nueva Guinea, la más extensa de las naciones melanesias, «es una sociedad preferentemente cristiana con muchas y diferentes lenguas locales y gran riqueza de culturas. Como otras islas-Estado de Melanesia, consiguió la independencia política en tiempos bastante recientes, y desde entonces su historia se ha visto marcada por luchas con vistas a una democracia estable, por la justicia social y por un desarrollo equilibrado e integral de sus gentes»[31]. En esta compleja situación social y política, la presencia de la Iglesia repercute positivamente, porque sus líderes, junto con numerosos cristianos, han hecho una considerable aportación a la paz y reconciliación de la población.

En la exhortación apostólica *Ecclesia in Oceania* vienen descritas las islas-Estado de Polinesia y de Micronesia como «relativamente pequeñas, cada una de ellas con su propia lengua y cultura indígenas». Tienen planteados diversos retos, entre ellos la preservación de su identidad propia y también el cambio climático. «Sin perder su identidad o abandonar los valores tradicionales, desean tomar parte en el desarrollo que se deriva de la interacción más directa y compleja con otros pueblos y culturas, lo que se está revelando un equilibrio delicado en sociedades tan pequeñas y vulnerables, algunas de las cuales han de medirse con un porvenir muy incierto, no solo por las masivas migraciones, sino también por la elevación del nivel del mar debido al aumento de la temperatura de la Tierra. Para dichos Estados, el cambio climático es algo más que una mera cuestión de carácter económico»[32].

---

30. *Ibid.*
31. *Ibid.*
32. *Ibid.*

La Iglesia católica está dividida en Oceanía en cuatro conferencias episcopales: Australia, Nueva Zelanda, Papúa Nueva Guinea y las islas de Samoré. Los dos primeros países están desarrollados y muy secularizados, mientras que los otros dos territorios son países de misión en sentido clásico y socialmente se hallan en vías de desarrollo.

Sobre la base de una población mundial de 7 408 millones, la porción de los 1 313 millones de católicos representa el 17,7 %, de los cuales el 0,8 % viven en Oceanía[33].

3. El magisterio eclesiástico y las misiones

Entre las manifestaciones del magisterio eclesiástico respecto a la misión[34], ocupa un lugar destacado el Concilio Vaticano II, que corroboró la postura de la Iglesia católica sobre la urgencia de la misión en todo el mundo. El decreto *Ad gentes* sobre la actividad misionera de la Iglesia, aprobado el 7 de diciembre de 1965, sigue siendo la carta magna de la labor misionera en el mundo de hoy. Las palabras introductorias subrayan la naturaleza misionera de la Iglesia: «La Iglesia, enviada por Dios a las gentes para ser "el sacramento universal de la salvación", obedeciendo el mandato de su Fundador, por exigencias íntimas de su misma catolicidad, se esfuerza en anunciar el evangelio a todos los hombres». La Iglesia está llamada también hoy a continuar la labor de los apóstoles, que, siguiendo el ejemplo del Señor Jesús, «"predicaron la palabra de la verdad y engendraron las Iglesias". Obligación de sus sucesores es dar perpetuidad a esta obra para que "la palabra de Dios sea difundida y glorificada"

---

33. Cf. *Annuarium Statisticum Ecclesiae 2017*.
34. Informaciones más detalladas en *L'enchiridion della Chiesa missionaria*, Edizioni Dehoniane, Bologna 1997.

(2 Tes 3,1), y se anuncie y establezca el reino de Dios en toda la tierra»[35].

El mandato misionero de la Iglesia viene recalcado también en el *Catecismo de la Iglesia católica*, especialmente en la sección «La misión, exigencia de la catolicidad de la Iglesia»[36]. Para revitalizar el deber misionero, el Catecismo cita el decreto *Ad gentes*: «La Iglesia, enviada por Dios a las gentes para ser "sacramento universal de salvación", por exigencia íntima de su misma catolicidad, obedeciendo al mandato de su Fundador se esfuerza por anunciar el evangelio a todos los hombres»[37]. Haciendo referencia a *Ad gentes*, el Catecismo muestra el origen del mandato misionero del Señor «en el amor eterno de la Santísima Trinidad: "La Iglesia peregrinante es, por su propia naturaleza, misionera, puesto que tiene su origen en la misión del Hijo y la misión del Espíritu Santo según el plan de Dios Padre". El fin último de la misión no es otro que hacer participar a los hombres en la comunión que existe entre el Padre y el Hijo en su Espíritu de amor»[38]. El motivo de la misión: «Del amor de Dios por todos los hombres la Iglesia ha sacado en todo tiempo la obligación y la fuerza de su impulso misionero: "porque el amor de Cristo nos apremia..." (2 Cor 5,14). En efecto, "Dios quiere que todos los hombres se salven y lleguen al conocimiento pleno de la verdad" (1 Tim 2,4)»[39]. El Espíritu Santo conduce la Iglesia por los caminos de la misión, pues él «es en verdad el protagonista de toda la misión eclesial»[40].

---

35.   Concilio Vaticano II, decreto *Ad gentes* sobre la actividad misionera de la Iglesia, 1.
36.   *Catecismo de la Iglesia católica* 849-856.
37.   *Ibid.* 849, con cita de *Ad gentes* 1 (cf. n. 35).
38.   *Ibid.* 850, con cita de *Ad gentes* 2.
39.   *Ibid.* 851.
40.   *Ibid.* 852.

El compromiso con la misión ha sido un interés constante de los papas romanos. Desde 1927 se hace cada año conmemoración específica de ella con ocasión de la Jornada Mundial de las Misiones[41]. En numerosos mensajes para dicha jornada, los obispos de Roma ponen de relieve las características importantes de la actividad misionera en los distintos períodos históricos. La serie de mensajes comienza en 1965 con el pontificado de Pablo VI[42]. Pero hay también otros documentos pontificios que son de singular importancia para la misión; mencionemos en especial los documentos de los papas posteriores al Concilio Vaticano II.

Tras la Asamblea General Ordinaria del Sínodo de los Obispos sobre el tema *Evangelización en el mundo de hoy*, que tuvo lugar del 17 de septiembre al 26 de octubre de 1974, el papa Pablo VI afirmó en la exhortación apostólica *Evangelii nuntiandi*: «"Nosotros queremos confirmar una vez más que la tarea de la evangelización de todos los hombres constituye la misión esencial de la Iglesia"; una tarea y misión que los cambios amplios y profundos de la sociedad actual hacen cada vez más urgentes. Evangelizar constituye, en efecto, la dicha y vocación propia de la Iglesia, su identidad más profunda. Ella existe para evangelizar, es decir, para predicar y enseñar, ser canal del don de la gracia, reconciliar a los peca-

---

41. El papa Pío XI aprobó en 1926 la propuesta de la Obra Pontificia para la Propagación de la Fe de convocar una jornada anual en pro de la actividad misionera de la Iglesia. La primera Jornada Mundial de las Misiones se celebró en 1927, el domingo penúltimo de octubre, considerado tradicionalmente como mes misionero. Desde 1930 a 1964, Propaganda Fide publicó cada año un llamamiento o un radiomensaje referente al Domingo Mundial de la Misión. Cf. *L'enchiridion della Chiesa missionaria* (n. 34), 6-172.

42. Cf. *L'enchiridion della Chiesa missionaria*, cols. 168-352. Pocos meses después de su elección, el papa Pablo VI pronunció un radiomensaje para el Domingo Mundial de las Misiones, el 19 de octubre de 1963.

dores con Dios, perpetuar el sacrificio de Cristo en la santa Misa, memorial de su muerte y resurrección gloriosa»[43].

Entre las numerosas declaraciones de Juan Pablo II, hay que señalar la elaboración sistemática del tema en la encíclica *Redemptoris missio*, de 7 de diciembre de 1990. El papa comienza sus consideraciones subrayando la urgencia de las misiones: «La misión de Cristo Redentor, confiada a la Iglesia, está aún lejos de cumplirse. A finales del segundo milenio después de su venida, una mirada global a la humanidad demuestra que esta misión se halla todavía en los comienzos y que debemos comprometernos con todas nuestras energías en su servicio. Es el Espíritu Santo quien impulsa a anunciar las grandes obras de Dios: "Predicar el Evangelio no es para mí ningún motivo de gloria; es más bien un deber que me incumbe: y ¡ay de mí si no predicara el evangelio!" (1 Cor 9,16)»[44]. Más adelante recalca el papa: «Sin embargo, se da el caso de que "los confines de la tierra", a los que debe llegar el Evangelio, se alejan cada vez más, y la sentencia de Tertuliano según la cual "el evangelio ha sido anunciado en toda la tierra y a todos los pueblos" está muy lejos de su realización concreta: la misión *ad gentes* está todavía en los comienzos»[45].

En el pontificado de Benedicto XVI, merece especial atención la «Nota doctrinal acerca de algunos aspectos de la evangelización», que, una vez aprobada por el Sumo Pontífice, fue publicada por la Congregación para la Doctrina de la Fe el 3 de diciembre de 2007. En vista de algunas opiniones erróneas sobre la salvación de los no bautizados, se recalca en este documento la urgencia del mandato del Señor de anunciar el evangelio a todos los hombres: «Se entiende, así, la

---

43. PABLO VI, exhortación apostólica *Evangelii nuntiandi*, 8.12.1975, 14.
44. JUAN PABLO II, encíclica *Redemptoris missio*, 7.12.1990, 1.
45. *Ibid.* 40.

urgencia de la invitación de Cristo a evangelizar y por qué la misión, confiada por el Señor a los Apóstoles, concierne a todos los bautizados. Las palabras de Jesús, "Id, pues, y haced discípulos a todas las gentes bautizándolas en el nombre del Padre y del Hijo y del Espíritu Santo, y enseñándoles a guardar todo lo que yo os he mandado" (Mt 28, 19-20), interpelan a todos en la Iglesia, a cada uno según su propia vocación. Y, en el momento presente, ante tantas personas que viven en diferentes formas de *desierto*, sobre todo en el "desierto de la oscuridad de Dios, del vacío de las almas que ya no tienen conciencia de la dignidad y del rumbo del hombre", el papa Benedicto XVI ha recordado al mundo que "la Iglesia en su conjunto, así como sus Pastores, han de ponerse en camino como Cristo para rescatar a los hombres del desierto y conducirlos al lugar de la vida, hacia la amistad con el Hijo de Dios, hacia Aquel que nos da la vida, y la vida en plenitud". Este compromiso apostólico es un deber y también un derecho irrenunciable, expresión propia de la libertad religiosa, que tiene sus correspondientes dimensiones ético-sociales y ético-políticas. Un derecho que, lamentablemente, en algunas partes del mundo aún no se reconoce legalmente y en otras, de hecho, no se respeta»[46].

El santo padre Francisco, en su exhortación apostólica *Evangelii gaudium*[47], ha subrayado la importancia de la misión para la Iglesia, afirmando «que la salida misionera es *el paradigma de toda obra de la Iglesia*». Haciendo referencia al Documento de Aparecida, fruto de la V Conferencia General del Episcopado Latinoamericano y del Caribe (29 de junio de 2007), expone más concretamente que la Iglesia debe estar en continuo estado de misión: «Constituyámonos en todas las

---

46. CONGREGACIÓN PARA LA DOCTRINA DE LA FE, «Nota doctrinal acerca de algunos aspectos de la evangelización», 10.
47. FRANCISCO, exhortación apostólica *Evangelii gaudium*, 24.11.2013, 15.

regiones de la tierra en un "estado permanente de misión"»[48]. Es preciso, además, «pasar "de una pastoral de mera conservación a una pastoral decididamente misionera"»[49].

4. Retos actuales

La exhortación apostólica *Evangelii gaudium* no solo es el documento programático del pontificado del santo padre Francisco, sino también la reflexión sobre la Asamblea General Ordinaria del Sínodo de los Obispos que tuvo lugar del 7 al 28 de octubre de 2013 sobre el tema *La nueva evangelización para la transmisión de la fe cristiana*. Con esas consideraciones, el Sínodo de los Obispos cumplió uno de sus objetivos: la finalidad misionera de la Iglesia según *Ad gentes*, donde se dice exactamente: «Perteneciendo, ante todo, al cuerpo de los Obispos la preocupación de anunciar el Evangelio en todo el mundo, el sínodo de los Obispos, o sea "el Consejo estable de Obispos para la Iglesia universal", entre los negocios de importancia general, considere especialmente la actividad misional deber supremo y santísimo de la Iglesia»[50].

Los padres sinodales deliberaron sobre un concepto integral de evangelización, que incluye tres aspectos diferentes y complementarios. El papa Francisco asumió esas consideraciones y escribe que la nueva evangelización se realiza en los siguientes campos: a) la pastoral ordinaria, b) la nueva evangelización y c) la actividad misionera propiamente dicha.

Estas afirmaciones conciernen a la Iglesia entera y también a las Iglesias particulares, aunque de modo diverso. En nues-

---

48. *Ibid.* 25.
49. *Ibid.* 15.
50. CONCILIO VATICANO II, decreto *Ad gentes* sobre la actividad misionera de la Iglesia 29.

tras reflexiones nos vamos a concentrar en Europa, y de modo especial en Alemania.

4.1. *La pastoral ordinaria*

Según la enseñanza del papa Francisco, la nueva evangelización está vinculada en primer lugar a la pastoral ordinaria en la comunidad. Se trata de las acciones eclesiales en su triple dimensión del anuncio de la Palabra, la celebración del culto y el servicio al prójimo en la caridad (*martyría, leitourgía, diakonía*). Este ámbito pastoral está «animado por el fuego del Espíritu, para encender los corazones de los fieles que regularmente frecuentan la comunidad y que se reúnen en el día del Señor para nutrirse de su Palabra y del Pan de vida eterna»[51]. No se refiere solo a los cristianos practicantes individuales que van regularmente a la iglesia los domingos y días festivos. «También se incluyen en este ámbito los fieles que conservan una fe católica intensa y sincera, expresándola de diversas maneras, aunque no participen frecuentemente del culto. Esta pastoral se orienta al crecimiento de los creyentes, de manera que respondan cada vez mejor y con toda su vida al amor de Dios»[52]. Por ello, la pastoral ordinaria tiene que adquirir mayor dinamismo y superar la rutina cotidiana. Podría decirse que el ideal consistiría en llevar a cabo la pastoral ordinaria de un modo extraordinario, abierto a la gracia del Espíritu Santo y a la abundancia de sus dones.

Uno de los necesarios dones sería una mayor estimación para con los católicos venidos de otros países de Europa y del mundo. Entre ellos se cuentan los migrantes que ya llevan tiempo viviendo en Alemania, llegados durante las guerras en Oriente Medio; esos cristianos numerosos que son miembros de las Iglesias católicas de tradición oriental y que tienen dis-

---

51. FRANCISCO, exhortación apostólica *Evangelii gaudium* 14.
52. *Ibid.*

posición para enriquecer la vida creyente católica de tradición latina con sus variadas tradiciones seculares. Esto requiere una pastoral adecuada, que tome en cuenta las particularidades de esas comunidades. Tanto las comunidades marcadas por el rito latino como las de las diversas tradiciones orientales son, de ordinario, comunidades vivas y dinámicas, a las que ayudaría poder insertarse mejor en las estructuras de la Iglesia católica alemana.

Hemos mostrado ya que la proporción de cristianos en Europa viene a suponer como un 60 % de los habitantes. Con respecto a los países del Consejo de Europa, son el 60,1 % de la población, de ellos un 28,3 % católicos, un 8,2 % protestantes, un 21,7 % ortodoxos y un 1,5 % cristianos de otras comunidades. En los 28 países de la Unión Europea, la proporción de los cristianos alcanza el 66,1 %, de los cuales el 44,5 % son católicos, el 11,8 % evangélicos, el 7,5 % ortodoxos y el 2,3 % pertenecen a otras comunidades eclesiales[53]. El número de creyentes es mucho más elevado en Europa, si se agrega una proporción de musulmanes del 13,6 % y de judíos del 0,2 % de la población. Por tanto, el 73,9 % de la población europea pertenece a una de las tres grandes religiones monoteístas. La proporción de quienes declaran no pertenecer a ninguna religión supone el 23,9 %[54].

En Alemania, el número de católicos alcanza los 23,6 millones y el de cristianos evangélicos 22,751 millones[55]. La proporción de católicos practicantes es mucho más pequeña y supone en Alemania como un 10 %. Esto significa que 2,3 millones de católicos habrían de constituir el

---

53. SWISS METADATABASE OF RELIGIOUS AFFILIATION IN EUROPE, datos 2006-2015 (n. 26). Cf. https://www.smre-data.ch (cons. 12.12.2024).
54. *Ibid.*
55. Incluyendo 851 000 fieles de Iglesias libres y otras comunidades eclesiales. Cf. *Katholische Kirche in Deutschland – Zahlen und Fakten 2016/2017*, Bonn 2017, 7.

núcleo dinámico de la Iglesia católica alemana, dispuesto a vivir un dinamismo cristiano renovado. El momento interno de ese dinamismo tendría que ser el redescubrimiento de la vida sacramental, comenzando por los sacramentos de la iniciación cristiana: bautismo, confirmación y comunión. La participación en los sacramentos debe estar «más animada por el fuego del Espíritu, para encender los corazones de los fieles que regularmente frecuentan la comunidad y que se reúnen en el día del Señor para nutrirse de su Palabra y del Pan de vida eterna»[56]. Ese nuevo impulso habría de estar en situación de llenar con el espíritu del evangelio las celebraciones litúrgicas, así como todos los ámbitos caritativos y pastorales, para atraer a los cristianos tibios y a las personas en busca de la verdad. Además, esta comunidad de fe, esperanza y amor está llamada a desempeñar un papel importante con respecto a las personas que se han alejado de la Iglesia y de la acción misionera en el sentido tradicional.

4.2. *Los alejados*

Los miembros de cualquier comunidad eclesial viva y dinámica de la Iglesia católica deberían tener especialmente ante sus ojos a quienes se han alejado de la Iglesia o, por usar el lenguaje del papa Francisco, se hallan en las periferias. Se trata de «"las personas bautizadas que no viven las exigencias del bautismo", no tienen una pertenencia cordial a la Iglesia y ya no experimentan el consuelo de la fe. La Iglesia, como madre siempre atenta, se empeña para que vivan una conversión que les devuelva la alegría de la fe y el deseo de comprometerse con el evangelio»[57].

---

56.   BENEDICTO XVI, homilía en la clausura de la XIII Asamblea General Ordinaria del Sínodo de los Obispos sobre la Nueva Evangelización, 28.10.2012: *L'Osservatore Romano*, 29-30 octubre 2012, 8.
57.   FRANCISCO, exhortación apostólica *Evangelii gaudium* 14.

Tales personas se encuentran en todos los continentes, aun cuando ese fenómeno se manifiesta sobre todo en países muy secularizados. Su número va en aumento en las comunidades eclesiales de Europa, inclusive Alemania. Son reveladores los cristianos ya mencionados, que han salido de la Iglesia por los motivos que sean. Según datos estadísticos, su número es considerable. Solo en Alemania, en los años de 1990 a 2017 han salido de las Iglesias 9 356 106 personas, de ellas 5 428 726 de la Iglesia evangélica y 3 927 380 de la católica[58]. El elevado número de salidas de las grandes Iglesias debería servir de ocasión para hacer análisis en profundidad que lleven a desarrollar una pastoral capaz de acercarse mejor a esas personas, comprender sus razones y facilitarles la vuelta a las Iglesias.

En este grupo de personas pueden incluirse también quienes declaran no tener religión. En Europa lo afirma el 23,9 % de la población. En algunos países constituyen la mayor parte: en la República Checa son el 71 %, en Alemania central y oriental el 68,1 %[59], en Gran Bretaña el 50,6 %. La cuota de los sin religión alcanza en Bélgica el 41,8 % y en los Países Bajos el 46 %[60].

Recientes investigaciones han dado por resultado que las personas de este grupo no son completamente insensibles a los temas religiosos. El informe de los científicos Stephen Bullivant, Miguel Farias, Jonathan Lanman y Lois Lee *Understanding Unbelief: Atheists and agnostics around the world; Interim findings from 2019 research in Brazil, China,*

---

58. *Statistisches Bundesamt für 1992-2017.* Cf. https://www.kirchenaus tritt.de/statistik (cons. 12.12.2024).
59. En Alemania occidental, la proporción se sitúa en el 14 %.
60. Cf. datos SMRE (nn. 26 y 53), de la *Bundeszentrale für politische Bildung*, Bonn, publicados en https://tinyurl.com/2zxrp9kh (cons. 12.12.2024).

Denmark, Japan, the United Kingdom and the United States[61] pone de manifiesto fenómenos interesantes. No pocos de los no creyentes encuestados declaran sentirse próximos a la religión cristiana por razones culturales: el 18 % en Brasil, el 28 % en Dinamarca, el 15 % en el Reino Unido, el 12 % en EE. UU. Están abiertos a lo sobrenatural, que sobrepasa lo puramente racional, el 20 % de los no creyentes en Estados Unidos e incluso el 50 % en China. Aproximadamente el 70 % de los no creyentes dicen que el universo y la vida tienen un sentido[62]. La gran mayoría de los grupos de población mencionados acepta valores morales objetivos, respeta los derechos humanos y adjudica a la naturaleza un elevado valor, tal como lo expresa de modo muy similar la mayoría de la población en los países antes señalados[63]. La referencia a valores comunes podría servir de ayuda para el diálogo con estas personas y para una presentación adecuada de la fe cristiana y de su racionalidad.

Otro grupo de personas son los jóvenes, que merecen especial atención, también en Alemania. Muchos se alejan de la Iglesia católica después de su confirmación. Algunos retoman el contacto con la Iglesia cuando quieren celebrar sacramentos, en particular el matrimonio y consiguientemente los sacramentos de la iniciación para sus hijos. El positivo ejemplo del trabajo con los acólitos[64] muestra que también los jóvenes tienen sensibilidad para experiencias religiosas. Más

---

61. Se trata de una investigación sobre 6 600 personas, publicada por University of Kent, St. Mary University Twickenham London, Queen's University Belfast, Coventry University. © AubreyWade 2019.

62. Cf. Giuliano GUZZA, «Anche la sociologia conferma che gli atei non esistono»: *La Nuova Bussola Quotidiana*, 06.06.2019.

63. Cf. *Understanding Unbelief: Atheists and agnostics around the world*, cit., 3.

64. Unos 360 000 niños y jóvenes actúan como acólitos, de ellos 191 726 mujeres y 167 885 varones. Cf. *Katholische Kirche in Deutschland – Zahlen und Fakten 2016/2017*, cit., 29.

bien deberían ser acompañados en su camino de aclimatación eclesial, también en los años entre la confirmación y la preparación al matrimonio. La Iglesia debe buscar nuevos caminos para anunciar de nuevo a Jesucristo y su evangelio a los alejados. En esta labor tienen especial importancia las familias cristianas y las comunidades parroquiales, que a su vez necesitan una dinámica renovada para el anuncio del evangelio.

4.3. *Actividad misionera*

El tercer aspecto, el más interesante para nuestras reflexiones, es la actividad misionera específica. Se refiere a «la proclamación del Evangelio a quienes no conocen a Jesucristo o siempre lo han rechazado. Muchos de ellos buscan a Dios secretamente, movidos por la nostalgia de su rostro, aun en países de antigua tradición cristiana. Todos tienen el derecho de recibir el Evangelio. Los cristianos tienen el deber de anunciarlo sin excluir a nadie, no como quien impone una nueva obligación, sino como quien comparte una alegría, señala un horizonte bello, ofrece un banquete deseable. La Iglesia no crece por proselitismo, sino "por atracción"»[65].

Hay que subrayar que el mandato misionero de anunciar a Jesucristo y su evangelio sigue siendo acuciante e importante en los tradicionales países de misión, especialmente en África, Asia y Oceanía. El cristianismo, y en particular la Iglesia católica, se dieron cuenta de ello desde el siglo XIX, cuando hubo una época de desarrollo favorable en los continentes mencionados. Con todo, los cristianos constituyen una pequeña minoría, sobre todo en Asia y Oceanía. Sin minusvalorar la actividad misionera procedente de los países de antigua tradición cristiana, hay que recalcar que los llamados en primer lugar a evangelizar son los cristianos de las Iglesias locales de

---

65. FRANCISCO, exhortación apostólica *Evangelii gaudium* 14.

esos países. Gracias a Dios, desde hace algún tiempo se dan actividades misioneras en las Iglesias de esos países en los continentes mencionados: africanos o asiáticos evangelizan a sus hermanos y hermanas de África o Asia. Y, además, esos misioneros africanos o asiáticos realizan una valiosa contribución al anuncio del evangelio en el continente europeo y en el americano.

Los datos estadísticos muestran que, entre 1978 y 2012, 282 sacerdotes diocesanos han marchado del Viejo Mundo a África, mientras que 4 514 sacerdotes vinieron a Europa y América desde el continente africano. En el mismo intervalo, 857 sacerdotes de Europa y América fueron a Asia y en cambio 2 189 sacerdotes asiáticos ejercen su ministerio pastoral en Europa y América[66]. Está claro que a los fundamentos esenciales de la Iglesia católica pertenece el hecho de ser misionera por su propia naturaleza. Lo cual es importante también cuando van disminuyendo los misioneros procedentes de Europa y América. Ellos han edificado en los países de misión una gran obra evangelizadora. Recordemos aquí tan solo algunas de las congregaciones misioneras conocidas: los misioneros del Verbo Divino, los misioneros de la Sagrada Familia, los benedictinos misioneros de Santa Otilia, los misioneros africanos de los Padres Blancos y diversas congregaciones femeninas de obediencia franciscana, dominicana o vicentina[67]. Hay que mencionar también el Pontificio Instituto de Misiones Extranjeras (PIME); los misioneros de san Carlos (scalabrinianos); los misioneros de la Consolata; el Instituto de Santa María para las Misiones Extranjeras (misioneros de Guadalupe); el Instituto Español San Francisco Javier para las Misiones Extranjeras; la Société

---

66.   «Nota dell'Ufficio centrale di Statistica della Chiesa: I flussi migratori dei sacerdoti tra i continenti»: *L'Osservatore Romano*, 6.7.2019, 7. Los números de los sacerdotes religiosos no están publicados.
67.   Una lista de las congregaciones religiosas misioneras alemanas masculinas y femeninas: https://tinyurl.com/249fz5yv (cons. 12.12.2024).

des Missions Etrangères de París; la Sociedade Missionária Portuguesa (Missionários da Boa Nova); la Foreign Mission Society of America (Congregación Misionera de Maryknoll); los Salesianos de don Bosco; las Franciscanas Misioneras de María; las Misioneras del Apostolado Católico; las Misioneras de la Consolata; las Misioneras de Nuestra Señora de África (Hermanas Blancas)[68].

La Iglesia católica, como las demás Iglesias y comunidades eclesiales, se enfrenta en Europa a la creciente inmigración. Entre las personas venidas de otros países europeos se encuentra un gran número de no cristianos. Para poderlos integrar en el entramado social, deberían querer conocer el cristianismo al menos en sus rasgos fundamentales. Por otro lado, los cristianos están llamados a anunciarles también a ellos a Jesucristo y su buena noticia, respetando a la persona y la libertad religiosa. Ese doble deber de cristianos e inmigrantes viene expresado en las siguientes palabras: «La globalización ha causado un notable desplazamiento de poblaciones; por tanto, el primer anuncio se impone también en los países de antigua evangelización. Todos los hombres tienen el derecho de conocer a Jesucristo y su Evangelio; y a esto corresponde el deber de los cristianos, de todos los cristianos –sacerdotes, religiosos y laicos–, de anunciar la Buena Noticia»[69]. De ello se hace eco la exhortación apostólica *Evangelii gaudium*. Pues estos principios son muy actuales y empujan a todos los cristianos, según dice el papa Francisco, a una acción misionera: «La misión en el corazón del pueblo no es una parte de mi

---

68. Cf. lista completa en *Annuario Pontificio*, Città del Vaticano 2019. Respecto a las misiones en África, véase *Missionari per l'Africa, Missionari dall'Africa per il mondo: Dossier Fides*, Agenzia Fides 17.10.2009.

69. BENEDICTO XVI, homilía en la clausura de la XIII Asamblea General Ordinaria del Sínodo de los Obispos sobre la Nueva Evangelización, 28.10.2012: *L'Osservatore Romano*, 29-30 octubre 2012, 8.

vida, o un adorno que me puedo quitar; no es un apéndice o un momento más de la existencia. Es algo que yo no puedo arrancar de mi ser si no quiero destruirme. Yo soy una misión en esta tierra, y para eso estoy en este mundo»[70].

La dimensión misionera de la Iglesia católica en Alemania es percibida sobre todo en la Alemania central y oriental, lo que fue la República Democrática Alemana (RDA). Cada año es acogido allí en la Iglesia cierto número de adultos que en su mayoría no habían sido bautizados antes. La mayor parte tiene nacionalidad alemana, algunos pertenecían anteriormente a otras religiones. En la archidiócesis de Berlín, por ejemplo, hubo en el intervalo de 2014 a 2018 2 067 bautizos de personas adultas[71]. El renovado impulso misionero permite esperar que esta evolución continúe positivamente.

La acción misionera está presente en todas las Iglesias locales, y también allí donde se da una reflexión sobre la naturaleza misionera de la Iglesia. Cobra expresión especialmente en el mes de octubre, dedicado tradicionalmente a la promoción de la misión en la Iglesia. En ello corresponde una significación especial a las Obras Misionales Pontificias (OMP). «Las OMP manifiestan su servicio a la universalidad eclesial en la forma de una red global que apoya al Papa en su compromiso misionero mediante la oración, alma de la misión, y la caridad de los cristianos dispersos por el mundo entero. Sus donativos ayudan al Papa en la evangelización de las Iglesias particulares (Obra de la Propagación de la Fe), en la formación del clero local (Obra de San Pedro Apóstol), en la educación de una conciencia misionera de los niños de todo el mundo (Obra de la Infancia Misionera) y en la formación misionera de la fe de los cristianos (Pontificia Unión Misional)»[72].

---

70. Francisco, exhortación apostólica *Evangelii gaudium* 273.
71. Ordinariato del arzobispado de Berlín.
72. Francisco, mensaje para la Jornada Mundial de las Misiones 2019.

Además de la oración, tiene también gran importancia el apoyo económico a la misión. Es preciso reconocer la generosidad de los católicos alemanes y de las seis obras asistenciales: Adveniat, Cáritas Internacional, la obra misionera infantil Die Sternsinger [Los cantantes estrella], Misereor, Missio y Renovabis, a lo que hay que añadir las aportaciones de las 27 diócesis y de las congregaciones religiosas. Solamente en 2016 hubo donaciones financieras por un montante de 556 046 000 euros, de los cuales se dio ayuda económica a proyectos de África (187 949 453 euros) y de Asia y Oceanía (159 602 548 euros)[73].

Hay que destacar además la ayuda de las facultades teológicas y diversas instituciones universitarias de Alemania en la formación y cualificación de quienes van a ejercer su servicio en sus países de origen, considerados en buena parte aún países de misión. Algunos de ellos son insertados en el trabajo pastoral en Alemania, gracias a convenios entre las diócesis de origen y las anfitrionas. De esta manera se da un fecundo intercambio de dones. Las Iglesias de antigua tradición cristiana realizaron su aportación en territorios de misión para la difusión del evangelio, y ahora, mediante sacerdotes, religiosos y laicos procedentes de esos países, reciben una valiosa ayuda en la obra de la nueva evangelización y de la promoción humana. Dichas personas, sobre todo los sacerdotes y las de vida consagrada, han de ser muy sensibles en su labor misionera, sea con los no cristianos, llegados a Alemania en los últimos años, sea con alemanes autóctonos que por diversos motivos han cerrado su corazón a Cristo y a su buena noticia. Lo cual no se refiere solo a personas de Alemania central y oriental.

---

73. Cf. *Katholische Kirche in Deutschland – Zahlen und Fakten 2016/2017*, cit., 62-63.

5. Observaciones conclusivas

A la luz de las consideraciones efectuadas, se hace patente que la naturaleza de la Iglesia es misionera. Fue así ya en los comienzos con la venida del Espíritu Santo sobre los apóstoles reunidos con María y las otras mujeres en el cenáculo de Jerusalén (cf. Hch 2,1-41). El Espíritu condujo a los apóstoles a difundir la buena noticia hasta los confines de la tierra. En determinadas épocas de la historia ha tenido el movimiento misionero un dinamismo particularmente fecundo. Esa gloriosa historia de la misión tendría que ser un estímulo más para un renovado celo misionero en nuestro tiempo.

Además de la dimensión teológica, también los datos estadísticos muestran la necesidad de la misión. Con una población mundial de 7 408 millones de personas, la proporción de católicos supone el 17,7 %, 1 313 millones. Si a los católicos se añaden aún los cristianos de otras Iglesias y comunidades eclesiales[74], la proporción de cristianos alcanza el 32 % de la población mundial. En los pasados 100 años, el número de cristianos ha crecido considerablemente de los 600 millones en el año 1910 a los 2 200 millones en 2010[75], pero todos los cristianos juntos apenas representan la tercera parte de todos los habitantes del planeta. Así se entiende que el papa Juan Pablo II hablase de que la época de la misión está todavía en sus comienzos.

Ante el desafío misionero, hay que subrayar que todo cristiano, todo bautizado, está llamado a ser misionero. Con esa

---

74. El número de cristianos evangélicos alcanza unos 800 millones, lo cual constituye el 37 % de la cristiandad; los ortodoxos son 260 millones, de los cuales el 40 % vive en Rusia. Aproximadamente el 1,1 % de los restantes cristianos no pertenece a ninguna de las grandes confesiones cristianas. Cf. Mary FAIRCHILD, *Learn religions: How Many Christians Are in the World Today?*, 24.09.2018, https://tinyurl.com/3e2ax388 (cons. 12.12.2024).

75. *Ibid.*

llamada está siguiendo, según la vocación y las circunstancias vitales de cada uno, el ejemplo de Jesucristo, el cual «ha sido el primero y el más grande evangelizador»[76] y convoca a la misión a todos los cristianos. Por eso cada bautizado está llamado a ser discípulo misionero de Jesucristo. A este respecto subraya el papa Francisco: «Todo cristiano es misionero en la medida en que se ha encontrado con el amor de Dios en Cristo Jesús; ya no decimos que somos "discípulos" y "misioneros", sino que somos siempre "discípulos misioneros". Si no nos convencemos, miremos a los primeros discípulos, quienes inmediatamente después de conocer la mirada de Jesús salían a proclamarlo gozosos: "¡Hemos encontrado al Mesías!" (Jn 1,41). La samaritana, apenas salió de su diálogo con Jesús, se convirtió en misionera, y muchos samaritanos creyeron en Jesús "por la palabra de la mujer" (Jn 4,39). También san Pablo, a partir de su encuentro con Jesucristo, "enseguida se puso a predicar que Jesús era el Hijo de Dios" (Hch 9,20). ¿A qué esperamos nosotros?»[77].

Haciendo referencia a la Sagrada Escritura y a la tradición viva de la Iglesia, el magisterio eclesiástico ha dado apoyo a las misiones en el mundo y ha promulgado instrucciones acordes con la diversidad de realidades y de circunstancias temporales, recordando las siempre vigentes inspiraciones divinas. Actualmente, la Iglesia católica, como las otras confesiones religiosas, se enfrenta a un creciente secularismo, que va tomando una dimensión cada vez más global. Por otra parte, el anuncio misionero debe atender a los seres humanos y sus tradiciones religiosas, pero también a su libertad religiosa; «por tanto, no se le puede forzar a obrar contra su conciencia. Ni tampoco se le puede impedir que obre según su concien-

---

76. PABLO VI, exhortación apostólica *Evangelii nuntiandi* 7.
77. FRANCISCO, exhortación apostólica *Evangelii gaudium* 120.

cia, principalmente en materia religiosa»[78]. El misionero propone el evangelio, la buena noticia, primero con el ejemplo de su vida y luego con palabras, consciente de que es el Espíritu Santo «quien impulsa a cada uno a anunciar el Evangelio y quien en lo hondo de las conciencias hace aceptar y comprender la Palabra de salvación»[79]. El cristiano misionero es meramente instrumento y colaborador de Dios. Para el testimonio cristiano es asimismo muy importante la acción social y caritativa de las comunidades eclesiales. Hay que mencionar aquí en especial las escuelas católicas y los establecimientos sanitarios tales como hospitales, ambulatorios, leproserías, etc., pero también los proyectos de desarrollo social. Sin embargo, estas obras son expresión del amor cristiano y del celo misionero en favor del bien integral de los seres humanos a los cuales se anuncia el evangelio. Sin esa inspiración y ese objetivo, la misión pierde su impulso y su significación.

El santo padre Francisco recalca que hay que distinguir radicalmente misión y evangelización frente al proselitismo[80]. A este propósito hay diversas afirmaciones del papa. En el encuentro con los participantes en la Conferencia Internacional

---

78. CONCILIO VATICANO II, declaración *Dignitatis humanae* sobre la libertad religiosa 3.
79. PABLO VI, exhortación apostólica *Evangelii nuntiandi* 75.
80. En el documento *El testimonio cristiano en un mundo multi-religioso: Recomendaciones de conducta*, del Pontificio Consejo para el Diálogo Interreligioso (PCDI), el Consejo Ecuménico de Iglesias (CEI) y la Alianza Evangélica Mundial (AEM), Bangkok 2011, no se utiliza el término *proselitismo*, pero sí se expresa su significado con las siguientes palabras: «Si los cristianos adoptan métodos inapropiados para llevar a cabo la misión, recurriendo al engaño o a la coacción, traicionan el Evangelio y pueden causar sufrimiento a los demás» (Bases, 6). «Aprovecharse de situaciones de pobreza y de necesidad no tiene cabida en la tarea de extender del cristianismo. Los cristianos deben denunciar y abstenerse de recurrir a cualquier tipo de señuelo, incluyendo incentivos y recompensas financieras, en sus actos de servicio» (Principios, 4).

para los Líderes de Renovación Carismática Católica, dijo: «Estos tres elementos: el Bautismo en el Espíritu Santo, la unidad del Cuerpo de Cristo y el servicio a los pobres, son el testimonio necesario para la evangelización del mundo, a la que todos estamos llamados por nuestro bautismo. Evangelización que no es proselitismo sino, principalmente, testimonio. Testimonio de amor: "mirad cómo se aman"; eso es lo que llamaba la atención de los que encontraban a los primeros cristianos. "Mirad cómo se aman"»[81]. También en el mensaje para la Jornada Mundial de las Misiones el obispo de Roma subraya: «Nuestra pertenencia filial a Dios no es un acto individual sino eclesial: la comunión con Dios, Padre, Hijo y Espíritu Santo, es fuente de una vida nueva junto a tantos otros hermanos y hermanas. Y esta vida divina no es un producto para vender –nosotros no hacemos proselitismo– sino una riqueza para dar, para comunicar, para anunciar; este es el sentido de la misión. Gratuitamente hemos recibido este don y gratuitamente lo compartimos (cf. Mt 10,8), sin excluir a nadie. Dios quiere que todos los hombres se salven y lleguen al conocimiento de la verdad, y a la experiencia de su misericordia, por medio de la Iglesia, sacramento universal de salvación (cf. 1 Tim 2,4; 3,15; Conc. Ecum. Vat. II, const. dogm. *Lumen gentium* 48)»[82].

El testimonio personal y comunitario de la fe cristiana, como el impulso misionero que moviliza a los cristianos y a la Iglesia entera para salir y dirigirse a todos los que viven en los márgenes de nuestro mundo, demanda también el diálogo con todos los hombres de buena voluntad. Es importante sobre todo la conversación con los cristianos de las Iglesias ortodoxas y de las comunidades eclesiales surgidas de la Reforma[83]; igualmente el

81. FRANCISCO, discurso a los participantes en la Conferencia Internacional para los Líderes de Renovación Carismática Católica, 08.06.2019.
82. FRANCISCO, mensaje para la Jornada Mundial de las Misiones 2019.
83. Cf. FRANCISCO, exhortación apostólica *Evangelii gaudium*, 244-246: «El diálogo ecuménico».

diálogo con el judaísmo[84] y con las religiones no cristianas[85], así como con los creadores de cultura, con los científicos y los que actúan en la economía. Hay que mantener que ese diálogo no se contradice con la misión y evangelización[86]. Se trata de dos modos de actuar distintos con muchos aspectos que son compatibles entre sí[87]. La relación entre diálogo y misión no es fácil del todo: «Aunque para cada cosa hay un tiempo, la prudencia y el discernimiento enseñarán lo que conviene en cada situación particular: colaboración, testimonio, escucha, intercambio de valores. Santos como Francisco de Asís y grandes misioneros como Matteo Ricci y Carlos de Foucauld son ejemplos para nosotros. Si vivimos plenamente en Cristo, seremos cada vez mejores instrumentos de su cooperación y seguiremos su método, expresión del amor de Aquel que se entregó por nosotros»[88].

Toda acción de la Iglesia para difundir el evangelio obedece al mandato del Señor Jesús, sobre el que el papa Francisco ha explicado: «"Id y haced que todos los pueblos sean mis discípulos, bautizándolos en el nombre del Padre y del Hijo y del Espíritu Santo, enseñándolos a observar todo lo que os he mandado" (Mt 28,19-20). En estos versículos se presenta el momento en el cual el Resucitado envía a los suyos a predicar el Evangelio en todo tiempo y por todas partes, de manera que la fe en Él se difunda en cada rincón de la tierra»[89].

El mandato misionero del Señor Jesús permanece siembre vigente, incluso en nuestro mundo globalizado, caracterizado

---

84. *Ibid.* 247-249: «Las relaciones con el judaísmo».
85. *Ibid.* 250-254: «El diálogo interreligioso».
86. Cf. documento *El testimonio cristiano en un mundo multi-religioso*, cit. (n. 80): Bases 4, 7; Recomendaciones 7; Antecedentes 3.
87. Cf. SECRETARIADO PONTIFICIO PARA LOS NO CRISTIANOS, *La Iglesia y las otras religiones: Diálogo y misión*, Città del Vaticano, 10.06.1984.
88. JUAN PABLO II, discurso a los miembros del Secretariado para los No Cristianos, 03.03.1984.
89. FRANCISCO, exhortación apostólica *Evangelii gaudium* 19.

por el diálogo interreligioso, pero también por la expansión del secularismo y el creciente número de personas que se declaran sin religión. La Iglesia católica toma parte activa en el diálogo interreligioso. La teología cristiana ha profundizado en la cuestión del alcance de la salvación también a los no bautizados. En vista de esta realidad religiosa y social compleja, y conscientes de la inequívoca voluntad del Señor que obliga a anunciar el evangelio a todas las criaturas, «no sería inútil que cada cristiano y cada evangelizador examinasen en profundidad, a través de la oración, este pensamiento: los hombres podrán salvarse por otros caminos, gracias a la misericordia de Dios, si nosotros no les anunciamos el Evangelio; pero ¿podremos nosotros salvarnos si por negligencia, por miedo, por vergüenza –lo que San Pablo llamaba avergonzarse del Evangelio (Rom 1,16)–, o por ideas falsas omitimos anunciarlo? Porque eso significaría ser infieles a la llamada de Dios, que, a través de los ministros del Evangelio, quiere hacer germinar la semilla; y de nosotros depende el que esa semilla se convierta en árbol y produzca fruto»[90].

El Espíritu Santo, protagonista de la misión, conduce a los cristianos a penetrar en el «abismo de riqueza, de sabiduría y de prudencia de Dios» (Rom 11,33) y a revelar a otros la grandeza del amor de Dios, que ha sido derramado en nuestros corazones (cf. Rom 5,5). Él guía a toda persona de buena voluntad al encuentro salvador con el Señor Jesús, el único hombre que es Dios y puede decir de sí: «Yo soy la resurrección y la vida. Quien cree en mí, aunque muera, vivirá; y quien vive y cree en mí no morirá para siempre» (Jn 11,25-26).

---

90. PABLO VI, exhortación apostólica *Evangelii nuntiandi* 80.

4
La nueva evangelización: ¿un afán del corazón?

GEORGE AUGUSTIN, SAC

La evangelización es la tarea esencial de la Iglesia; para eso existe y para eso está enviada[1]. «Evangelizar constituye, en efecto, la dicha y vocación propia de la Iglesia, su identidad más profunda. Ella existe para evangelizar»[2]. El papa Pablo VI corroboraba así la constante doctrina eclesial de continuar el envío evangelizador de Jesucristo. Antes había constatado ya el Concilio Vaticano II que la evangelización es el contenido principal de la misión de la Iglesia[3].

En cada generación, la Iglesia, con celo renovado, tiene que conceder suma prioridad a su propia misión de evangelizar. El papa Juan Pablo II hizo de este deber la piedra angular de su amplio magisterio y convocó a una nueva evangelización, especialmente en los países de antigua cristiandad, en los que han avanzado mucho la secularización, el indiferentismo y el fenómeno de alejamiento de la Iglesia: «Hoy la Iglesia

---

1. Cf. G. AUGUSTIN, *Ich bin eine Mission: Schritte der Evangelisierung*, Ostfildern 2018 [trad. esp.: *Yo soy una misión: Pasos de la evangelización*, Sal Terrae, Santander 2018]; ÍD. (ed.), *Die Mission der Christen: Von der Dringlichkeit, das Evangeliums zu verkünden*, ThIDia 26, Freiburg i. Br. 2019 [trad. esp. de algunos capítulos: *Anunciad el evangelio. La misión de los cristianos*, Santander, Sal Terrae 2020].
2. PABLO VI, *Evangelii nuntiandi* (1975) 14.
3. Cf. CONCILIO VATICANO II, decreto *Ad gentes* sobre la actividad misionera de la Iglesia.

debe afrontar otros desafíos, proyectándose hacia nuevas fronteras, tanto en la primera misión *ad gentes* como en la nueva evangelización de pueblos que han recibido ya el anuncio de Cristo»[4]. Con la nueva evangelización se trata de encontrar un entusiasmo nuevo por la propagación de la fe y de vivir esa fe en la dimensión del anuncio de Dios: «En efecto, la misión renueva la Iglesia, refuerza la fe y la identidad cristiana, da nuevo entusiasmo y nuevas motivaciones. ¡La fe se fortalece dándola!»[5].

Benedicto XVI, al convocar el año de la fe, destacó el desafío de una transmisión fecunda de la fe: «Mientras que en el pasado era posible reconocer un tejido cultural unitario, ampliamente aceptado en su referencia al contenido de la fe y a los valores inspirados por ella, hoy no parece que sea ya así en vastos sectores de la sociedad, a causa de una profunda crisis de fe que afecta a muchas personas»[6]. Ya al comienzo de su pontificado, en 2005, animó a la Iglesia en su conjunto, y en ella a sus pastores, a «ponerse en camino para rescatar a los hombres del desierto y conducirlos al lugar de la vida, hacia la amistad con el Hijo de Dios, hacia Aquel que nos da la vida, y la vida en plenitud»[7].

La nueva evangelización fue un afán primordial del papa Benedicto XVI. A ella hay que reservar el primer puesto en toda la actividad pastoral de la Iglesia. El papa recalcó especialmente la necesidad «de promover una renovada evangelización en los países donde ya resonó el primer anuncio de la fe y están presentes Iglesias de antigua fundación, pero que están viviendo una progresiva secularización de la sociedad y una especie de "eclipse del sentido de Dios", que constituyen un

---

4.   JUAN PABLO II, *Redemptoris missio* (1990) 30.
5.   *Ibid.* 2.
6.   BENEDICTO XVI, *motu proprio Porta fidei* (2011) 2.
7.   ÍD., homilía en la santa misa de inicio del pontificado, 24.04.2005.

desafío a encontrar medios adecuados para volver a proponer la perenne verdad del Evangelio de Cristo»[8].

En continuidad con sus predecesores, el papa Francisco hace de la nueva evangelización el programa de su pontificado. Lo ha expresado con toda claridad en su exhortación apostólica *Evangelii gaudium*: la actividad misionera «es el paradigma de toda obra de la Iglesia»[9]. El papa Francisco convoca a «una nueva etapa evangelizadora, llena de fervor y dinamismo»[10]. La exhortación papal es rica en impulsos espirituales que llegan al corazón y es un filón de estímulos mentales y espirituales para un cambio fundamental de perspectiva y una dilatación de nuestro horizonte. Su contenido hace referencia a la remodelación misionera de la Iglesia mediante el redescubrimiento de la eterna novedad y alegría del evangelio a través del encuentro con el Dios vivo en Jesucristo. Lo que importa al papa es una renovación espiritual radical para que la Iglesia entera se vuelva capaz de anunciar el evangelio con todo vigor en obras y palabras[11]. El papa Francisco no desaprovecha ninguna oportunidad para subrayar la primacía de la nueva evangelización, la urgencia de una nueva salida misionera[12].

---

8. Íd., homilía en las primeras vísperas de de la solemnidad de los santos Pedro y Pablo, 28.06.2010; cf. *motu proprio Ubicumque et semper*.

9. FRANCISCO, *Evangelii gaudium* (2013) 15. Citada en lo sucesivo como EG.

10. EG 17.

11. He expuesto ya la perspectiva misionera de la excepcional exhortación apostólica *Evangelii gaudium* en G. AUGUSTIN, *Aufbruch in der Kirche mit Papst Franziskus: Ermutigungen aus dem Apostolischen Schreiben "Die Freude des Evangeliums"*, Stuttgart 2015 [trad. esp.: *Por una Iglesia en salida con el papa Francisco: Impulsos de la exhortación apostólica «Evangelii gaudium»*, Sal Terrae, Santander 2015].

12. Por ejemplo, en su discurso a la curia romana con ocasión de las felicitaciones navideñas, el 21.12.2019.

A pesar de todos estos llamamientos y estímulos del Concilio Vaticano II, de los últimos papas y de numerosos documentos eclesiales sobre el tema *evangelización*, parece que tales esfuerzos no encuentran resonancia adecuada y fructífera en Europa[13]. Esta observación perceptible para todos ¿no nos debería producir una santa inquietud? ¿Qué es lo que inhibe esta deseada y necesaria salida misionera? ¿Qué podría proporcionar a la nueva evangelización una motivación inspiradora de cara a un mayor impulso misionero?

Para una nueva salida misionera necesitamos de modo acuciante un cambio de perspectivas: tiene una importancia fundamental que consideremos la vida de la Iglesia y todas las actividades eclesiales desde una perspectiva misionera. Es preciso entender la vida eclesial entera como un proceso espiritual de evangelización, como evangelización hacia fuera y hacia dentro. La misión es el despliegue del ser cristiano hacia fuera; la evangelización, el modo de existencia de la Iglesia. Todas las estructuras de la Iglesia han de estar al servicio de esta finalidad central[14].

En la cambiada situación global de hoy, tenemos que ampliar el concepto tradicional de misión. Porque la necesidad de evangelizar se da a escala mundial. Ninguna Iglesia particular puede decir que no tenga necesidad de la nueva evangelización. Para ello necesitamos un concepto integral de misión, que piense unidas y mantenga unidas las misiones *ad intra* y *ad extra*. No se trata de entrar en una discusión meramente académica sobre terminologías: *misión, evangelización, reevangelización, nueva evangelización, autoevangelización* o *pastoral misionera*. El foco está puesto en

---

13. *Ibid.*, el papa Francisco lamenta esta realidad del modo siguiente: «A veces he hablado de esto con algunos de vosotros. Pienso en cinco países que han llenado el mundo de misioneros –os dije los que son–, y hoy no tienen recursos vocacionales para seguir adelante».

14. Cf. EG 33.

el ser y la misión de la Iglesia: compartir de palabra y obra la buena noticia de Jesucristo con todos los seres humanos, bautizados o no.

1. Evangelización como revitalización de la fe

La evangelización como revitalización de la fe tiene como objetivo inflamar un nuevo entusiasmo por el anuncio de la salvación, no sostener la fachada de una Iglesia en paulatino declive. Evangelizar significa en este contexto redescubrir y profundizar la fe en cristianos ya bautizados, que por diversos motivos se han distanciado o desvinculado interiormente de la Iglesia. Recuperarlos para la fe y la Iglesia habría de ser el afán de nuestros esfuerzos misioneros.

La Iglesia solo puede alcanzar a los alejados si resulta atrayente. Para producir un efecto atractivo, la institución Iglesia, como portadora primaria del cometido misionero, tiene que irradiar la certidumbre y belleza de la fe. Pues la fuerza misionera surge en el corazón de los creyentes que están convencidos de su fe y dan testimonio de ella. La nueva evangelización debe comenzar primero en la Iglesia, en cada uno de los cristianos, sobre todo en los responsables ministeriales y acompañantes de servicios, que dan forma a la Iglesia y le proporcionan rostro visible.

Lo que esto quiere decir en concreto, lo esclarece una oración procedente de China:

«Señor, despierta a tu Iglesia
y empieza por mí.
Señor, edifica tu comunidad
y empieza por mí.
Señor, envía paz y conocimiento divino
a todas partes de la tierra
y empieza por mí.

Señor, concede tu amor y tu verdad
a todos los hombres
y empieza por mí»[15].

Al comienzo de una salida misionera está el reconocimiento consciente de que hoy se da una crisis intraeclesial de
fe, que recibe diversas denominaciones: *crisis de Dios, olvido
cotidiano de Dios, crisis de fe, crisis de Iglesia, atasco de la
reforma,* etc. Sea cual sea el motivo, parecen extenderse la
resignación, la frustración y la insatisfacción.

Sin embargo, no podemos quedarnos en este análisis de
situación. Todos hemos de emprender todos los esfuerzos
humanamente posibles para remontar la crisis de fe. Aun
cuando para ello no parece haber ninguna receta patentada
que a todos satisfaga, el imperativo del momento es un giro
espiritual radical en la Iglesia.

En concreto, esto significa un giro teocéntrico, de modo
que volvamos a poner a Dios en el centro de nuestro pensamiento y nuestra acción. La pregunta decisiva es: ¿está Dios
en medio de vosotros? (cf. Ex 17,7; Sof 3,17). Hemos de
resistir en la Iglesia la tentación de relegar a Dios por amor
al hombre[16]. ¿Estamos en situación de mostrar a Cristo a las
personas en búsqueda de nuestro tiempo, hacer que lo «vean»
(«Queremos ver a Jesús», Jn 12,21)?[17]

A menudo oímos la queja de que cada vez más gente echa
en falta a Dios en la «Iglesia institución» o, al menos, tiene
dificultad para compaginar a Dios y a la Iglesia. La fuerza
atractiva y el futuro de la Iglesia dependen decisivamente de

---

15.   Plegaria de China, en *Gotteslob* 22, 3. [*Gotteslob* («Alabanza a
      Dios») es el título del himnario oficial actual para los católicos de
      habla alemana].
16.   Como formuló acertadamente el filósofo de la religión ruso Nikolái
      A. Berdiáyev.
17.   Cf. JUAN PABLO II, *Novo millennio ineunte* 16.

si se la puede experimentar como una comunidad que adora y glorifica a Dios. Cuando el ser humano no adora a *Dios*, tiende «a adorar su *yo*. E incluso la vida cristiana, sin adorar al Señor, puede convertirse en una forma educada de alabarse a uno mismo y el talento que se tiene: cristianos que no saben adorar, que no saben rezar adorando. Es un riesgo grave: servirnos de Dios en lugar de servir a Dios. Cuántas veces hemos cambiado los intereses del Evangelio por los nuestros, cuántas veces hemos cubierto de religiosidad lo que era cómodo para nosotros, cuántas veces hemos confundido el poder según Dios, que es servir a los demás, con el poder según el mundo, que es servirse a sí mismo»[18].

La Iglesia tiene primeramente y sobre todo la tarea de hacerse cargo de aquello a lo que está llamada y enviada, según su autoconcepto: a ser «como un sacramento, o sea signo e instrumento de la unión íntima con Dios y de la unidad de todo el género humano»[19]. Al anunciar el evangelio a todos los hombres, los ilumina con la claridad de Cristo, que resplandece sobre la faz de la Iglesia[20]. Lo más principal que la Iglesia puede y debe hacer es señalar el camino para el encuentro de la humanidad con Dios y al mismo tiempo mediar sacramentalmente la salvación de Jesucristo. Ella es competente en primer término en cuestiones de trascendencia, de vida eterna y de todo lo que está ligado a la relación de los seres humanos con Dios. Todo lo demás que hace debe estar al servicio de ese cometido y debe fluir de su vinculación a Dios[21].

Las afirmaciones del papa Benedicto XVI sobre la «desmundanización», así como las del papa Francisco sobre la

---

18. FRANCISCO, homilía en la solemnidad de la Epifanía del Señor, 2020.
19. CONCILIO VATICANO II, *Lumen gentium*, 1.
20. Cf. *ibid.*
21. Cf. TOMÁS DE AQUINO, *S. th.* I q. 1, a. 7, c. ad. 2. El doble aspecto destacado por Tomás, con respecto a la teología, de la referencia divina, hacia Dios y desde Dios, vale también para la Iglesia.

«mundanidad espiritual»[22], hacen sumamente patente la necesidad de un giro espiritual. No se trata de reinventar la fe, sino de un cambio de mentalidad en la Iglesia, un actuar desde la riqueza católica, para revitalizar en nosotros esa riqueza. El foco está puesto en la conversión y renovación del corazón mediante el redescubrimiento de la vitalidad de la fe cristiana[23]. Todos nuestros caminos deben ser caminos hacia el Señor, no hacia nosotros mismos.

El punto de partida para ese giro espiritual es cerciorarnos nosotros mismos de nuestra propia fe. Una primera condición para ello es que los que actúan en la Iglesia, sobre todo los que tienen responsabilidad de ministerios y de servicios, revitalicen su propia fe a partir de la fuerza prometida del Espíritu Santo, recuperen el entusiasmo por Jesús y su mensaje y así se vuelvan modelos de fe. «Apacentad el rebaño de Dios que os han confiado, [cuidando de él] no a la fuerza, sino de buena gana, como Dios quiere; no por lucro sórdido, sino generosamente; no como tiranos de los que os han asignado, sino como modelos del rebaño» (1 Pe 5,2-3).

Este requerimiento vale especialmente para todos aquellos que tienen en la Iglesia una determinada encomienda ministerial o función de servicio. Si no, ¿a quién habría de referirse el papa Francisco cuando emplea una y otra vez la potente imagen del pastor que ha de oler a oveja? ¿A quién se refiere cuando exhorta a los teólogos a no contentarse con una teología de escritorio?[24] O ¿a quién alude cuando habla de la necesidad de una buena preparación de la homilía en la liturgia, si no es a los obispos y sacerdotes? El papa tiene un especial interés en que no prediquemos en primer término sobre alguna

---

22. EG 93.
23. Cf. G. Augustin, *Aufbruch in der Kirche mit Papst Franziskus*, cit. (n. 13), 9-19.
24. EG 133.

idea o doctrina moral, sino esencialmente sobre la misericordia de Dios. Si el propio encargado de la misión se ha vuelto indolente, ¿cómo puede producirse una salida misionera? Por eso es hoy importante en toda reforma y renovación eclesial empezar por la propia persona y dar testimonio con confianza y optimismo creyente. El futuro de la Iglesia comienza con una pastoral estimulante y humana, que haga una exposición esclarecedora de la fe y abra espacio para que las personas, en la situación vital propia de cada una, puedan experimentar el amor y la misericordia de Dios[25].

La fuerza para evangelizar crece a partir de la memoria agradecida. «¿Qué tienes que no hayas recibido?» (1 Cor 4,7). De balde hemos recibido nuestra fe, de balde habríamos de transmitirla (cf. Mt 10,7-15).

No comenzamos hoy la evangelización desde cero. El reinado de Dios no ha empezado con nosotros y no va a acabar con nosotros. No debemos olvidar nunca que estamos en una tradición viva, con muchos testigos de la fe: «La alegría evangelizadora siempre brilla sobre el trasfondo de la memoria agradecida: es una gracia que necesitamos pedir. Los Apóstoles jamás olvidaron el momento en que Jesús les tocó el corazón: "Era alrededor de las cuatro de la tarde" (Jn 1,39). Junto con Jesús, la memoria nos hace presente "una verdadera nube de testigos" (Heb 12,1). Entre ellos, se destacan algunas personas que incidieron de manera especial para hacer brotar nuestro gozo creyente: "Acordaos de aquellos dirigentes que os anunciaron la Palabra de Dios" (Heb 13,7). A veces se trata de personas sencillas y cercanas que nos iniciaron en la vida de la fe: "Tengo presente la sinceridad de tu fe, esa fe que

---

25. Cf. G. Augustin, *Kraft der Barmherzigkeit: Mensch sein aus den Quellen des Glaubens*, Ostfildern 2016 [trad. esp.: *La fuerza de la misericordia: La plenitud del ser humano*, Sal Terrae, Santander 2017].

tuvieron tu abuela Loide y tu madre Eunice" (2 Tim 1,5). El creyente es fundamentalmente "memorioso"»[26].

La evangelización significa en primer término formación de la fe, experiencia de la fe y profundización de la fe de los propios creyentes, para que se vuelvan capaces de dar razón de su fe. Por eso evangelización es hoy en primer término una especie de nueva alfabetización en la fe. Lo mismo que cada niño y cada nueva generación tiene que aprender la lengua y su gramática, así también cada nueva generación de creyentes tiene que aprender de nuevo la fe y su gramática. También los adultos en la fe pueden olvidar esa gramática. Así como la gramática da estructura a una lengua y la dota de capacidad de comunicación, solo el conocimiento básico de la fe eclesial hace posible la comunicación acertada y el entendimiento mutuo de los fieles.

La evangelización concierne a todos los actos vitales de la Iglesia; pero la celebración del culto es el lugar más principal de la evangelización. Porque, si encontramos a Cristo en la liturgia, somos enviados por él y su fuerza al mundo, para transformar el mundo con su fuerza. La caridad eclesial es en su totalidad un lugar de evangelización, en el que nuestra acción brota de esa certidumbre esperanzada de la fe. «La fe nos muestra a Dios, que nos ha dado a su Hijo, y así suscita en nosotros la firme certeza de que realmente es verdad que Dios es amor. De este modo transforma nuestra impaciencia y nuestras dudas en la esperanza segura de que el mundo está en manos de Dios y que, no obstante las oscuridades, al final vencerá Él [...]. La fe, que hace tomar conciencia del amor de Dios revelado en el corazón traspasado de Jesús en la cruz, suscita a su vez el amor. El amor es una luz –en el fondo la única– que ilumina constantemente a un mundo oscuro y nos da la fuerza para vivir y actuar. El amor es posible, y nosotros

---

26. EG 13.

podemos ponerlo en práctica porque hemos sido creados a imagen de Dios»[27].

En las obras de amor al prójimo, reconocemos a Cristo en ese prójimo y traducimos su amor en hechos perceptibles. También la caridad es, lo mismo que la liturgia, un lugar de anuncio. Mientras que en la liturgia el anuncio acontece más bien por medio de la palabra, el testimonio de fe de la caridad se produce en los hechos, precisamente porque el prójimo no recibe amor sin otro fin que no sea él mismo: «El amor es gratuito; no se practica para obtener otros objetivos. Pero esto no significa que la acción caritativa deba, por decirlo así, dejar de lado a Dios y a Cristo. Siempre está en juego todo el hombre. Con frecuencia, la raíz más profunda del sufrimiento es precisamente la ausencia de Dios. Quien ejerce la caridad en nombre de la Iglesia nunca tratará de imponer a los demás la fe de la Iglesia. Es consciente de que el amor, en su pureza y gratuidad, es el mejor testimonio del Dios en el que creemos y que nos impulsa a amar. El cristiano sabe cuándo es tiempo de hablar de Dios y cuándo es oportuno callar sobre Él, dejando que hable solo el amor. Sabe que Dios es amor (cf. 1 Jn 4, 8) y que se hace presente justo en los momentos en que no se hace más que amar»[28].

Los actos vitales de la Iglesia –anuncio, liturgia y diaconía– son inseparables entre sí; el envío misionero de la Iglesia es la perspectiva motivadora desde la que se patentizan en su reciprocidad y en su totalidad. Todos los empeños renovadores de la Iglesia han de estar guiados por esta cuestión: ¿cómo podemos transparentar en todos los actos vitales de la Iglesia el mensaje de Jesucristo? La condición fundamental para ello es que las estructuras eclesiales, o, con más precisión, las personas que ponen rostro a esas estructuras, estén ellas mismas

---

27. BENEDICTO XVI, *Deus caritas est* (2005) 39.
28. *Ibid.* 31.

evangelizadas, moldeadas y marcadas por el espíritu de Jesús. Si los creyentes que configuran las estructuras eclesiales viven de manera creíble y actúan cristianamente, la Iglesia en su conjunto se vuelve creíble y atrayente.

Ciertamente, hemos de aprender de nuevo a conocer y apreciar la diversidad y amplitud de la Iglesia católica. Se trata sobre todo de mantener la unidad del espíritu y de la fe (cf. Ef 4,3). Luego podemos descubrir en su complementariedad que todos en la Iglesia vamos unos con otros y unos para otros y aunar las fuerzas para asumir en común nuestra misión de evangelizar. Un paso importante es que los cristianos vayamos más allá de los cotidianos problemas organizativos, estructurales y funcionales de la Iglesia y ofrezcamos a las preguntas vitales de la gente unas respuestas sólidas basadas en la fe.

Las estructuras organizativas de la Iglesia no son un fin en sí mismas, sino sistemas de apoyo al servicio de la auténtica finalidad de mantener viva la fe y crear condiciones que hagan perceptible a Dios ante los hombres. La energía para asumir esta tarea de «abrir puertas a Dios» la obtenemos de nuestro propio encuentro con Dios. Se trata fundamentalmente de que nosotros mismos demos crédito a la fuerza transformadora del evangelio: Dios puede alcanzar los corazones humanos y vincularlos a sí. Solamente una nítida opción por Dios puede colmar de nueva vida a la Iglesia. En lugar de ser percibida como un «cristianismo cultural», desligado de la oración y del culto, la Iglesia tiene que ser perceptible nuevamente como una comunidad de alabanza a Dios. ¿Es relación viva con Dios?

La Iglesia no se anuncia a sí misma, sino que tiene para anunciar un mensaje sumamente hermoso y, sobre todo, muy positivo: el evangelio. Su misión es poner rostro a Cristo y a su mensaje y acercarlo a los seres humanos, sobre todo a quienes no lo conocen aún en su significado profundo y pleno o lo han perdido por diversas circunstancias. Esta tarea no puede ser realizada por una Iglesia autorreferencial, que da vueltas en torno a sí misma. Toda renovación comienza con la oración y con una relación más honda con Dios, configurándonos con Cristo en cuanto fieles individuales y en cuanto comunidad de creyentes. Una salida misionera de la Iglesia es primeramente nuestra salida en común hacia Dios. Quien se pone en camino a Cristo encontrará también el camino a los hombres. Porque allí donde la gente nota que no actuamos por nuestro propio mandato, sino que somos enviados de Cristo, se vuelve patente que no queremos otra cosa que hacer perceptible y sensible el amor de Dios[29].

Tiene significación positiva para el mundo una Iglesia que no está centrada en primer término en sí misma, sino que sale por las calles de este mundo para buscar a Dios y construir el reino de Dios con todas las personas de buena voluntad. El papa Francisco nos lo recuerda: la Iglesia es el pueblo creyente de Dios, que está en camino para anunciar el evangelio. La construcción del reino de Dios no sucede a base de ocuparse de sí misma, de cuidar las propias vanidades y susceptibilidades, de pugnas por el poder o de cuotas de reparto de cargos en la Iglesia. La sobrevaloración de algunos temas hiperdiscutidos lleva a que la Iglesia esté ocupada «mirándose al ombligo» y oscureciendo la sustancia de la fe. El presupuesto fundamental para una transmisión convincente de la fe es que hagamos desplegarse la novedad y la energía inherentes al evangelio.

---

29. Lo que el papa Francisco dijo en Estrasburgo con relación a Europa lo podemos aplicar también, *mutatis mutandis*, a la Iglesia; cf. su discurso ante el Parlamento europeo en Estrasburgo, el 15.11.2014: «El futuro de Europa depende del redescubrimiento del nexo vital e inseparable entre estos dos elementos. Una Europa que no es capaz de abrirse a la dimensión trascendente de la vida es una Europa que corre el riesgo de perder lentamente la propia alma y también aquel "espíritu humanista" que, sin embargo, ama y defiende».

Nuestro encargo misionero hoy es sacar a relucir mediante nuestro servicio la novedad y belleza de Jesucristo y confiarnos a su fuerza creativa y renovadora: «Él siempre puede, con su novedad, renovar nuestra vida y nuestra comunidad y, aunque atraviese épocas oscuras y debilidades eclesiales, la propuesta cristiana nunca envejece. Jesucristo también puede romper los esquemas aburridos en los cuales pretendemos encerrarlo y nos sorprende con su constante creatividad divina. Cada vez que intentamos volver a la fuente y recuperar la frescura original del Evangelio, brotan nuevos caminos, métodos creativos, otras formas de expresión, signos más elocuentes, palabras cargadas de renovado significado para el mundo actual. En realidad, toda auténtica acción evangelizadora es siempre "nueva"»[30].

2. Concentrarse en lo esencial: el mensaje

¿Cómo lograr un cambio de perspectiva, que nos posibilite encontrar respuestas a todas las cuestiones planteadas desde Dios y hacia Dios? Si la Iglesia busca primeramente el reino de Dios, todo lo demás se le dará por añadidura (cf. Mt 6,33). Con ello le está predeterminado a la Iglesia su «asunto», en comparación con el cual tiene que rehusar dejarse imponer desde fuera asuntos aparentes. La crisis actual puede volverse así para la Iglesia *kairós*, oportunidad para convertirse y recapacitar en lo esencial. ¡No en vano somos católicos! Ser católico tiene un precio. Quien está dispuesto a pagar ese precio recibe centuplicada su inversión y descubre el sentido y la belleza de su vida y su fe.

En la Iglesia, ¿nos ocupamos de nuestras propias preguntas y cuestiones o de las preguntas existenciales de la humanidad?

---

30.   EG 11.

Observamos a menudo en los círculos eclesiales la tendencia a presentar las cuestiones propias como cuestiones de la humanidad entera, sin darse cuenta de que pasan de largo ante los problemas existenciales de los seres humanos. El ocuparse de aspectos secundarios y reformas de las estructuras administrativas eclesiales no puede despertar un entusiasmo permanente por la Iglesia. En cambio, si descubrimos y experimentamos el evangelio como algo hermoso y liberador, sentimos la necesidad de compartir con otros lo bueno y hermoso. «Toda experiencia auténtica de verdad y de belleza busca por sí misma su expansión, y cualquier persona que viva una profunda liberación adquiere mayor sensibilidad ante las necesidades de los demás. Comunicándolo, el bien se arraiga y se desarrolla. Por eso, quien quiera vivir con dignidad y plenitud no tiene otro camino más que reconocer al otro y buscar su bien. No deberían asombrarnos entonces algunas expresiones de san Pablo: "El amor de Cristo nos apremia" (2 Cor 5,14); "¡Ay de mí si no anunciara el evangelio!" (1 Cor 9,16)»[31].

La motivación de nuestra actuación no debe ser, por ejemplo, el temor a la disminución del número de miembros, y la receta, ciertamente, no está en confeccionar una Iglesia que a todos se acomode. Una Iglesia aguada y desvaída no puede presentar perfil alguno. El perfil de la Iglesia es esencialmente su apertura a Dios. Solo ahí reside su fuerza de atracción para los seres humanos, no en una fe reblandecida y acomodada al mundo, que parece estar a la moda, pero, lamentablemente, ha perdido de vista a Dios. La primacía de Dios, evidentemente, no significa postergar al hombre, muy al contrario: es el presupuesto para que los seres humanos puedan construir una relación saludable con Dios y experimenten la abundancia de la salvación. El evangelio de Jesucristo no es un edificio doctrinal ni una teoría para mejorar el mundo; es la propia

---

31. EG 9.

persona viviente de Jesucristo, sobre la que edificamos y en la que confiamos. Cuanto más cultivamos la amistad con Cristo y alentamos a los demás a vivir esa amistad con Cristo, tanto más crece el reinado de Dios.

Pero ¿qué ocurre cuando este fundamento existencial determinante de la Iglesia no es asumido? Mientras la Iglesia aparezca para mucha gente solo como una asociación humanista, está errando su misión. La unidimensionalización horizontal de la Iglesia y el oscurecimiento de Dios por parte del «personal de tierra» es con frecuencia la causa de que las personas no puedan percibir a Dios en la Iglesia. Cada uno y cada una de quienes dan forma a la Iglesia y la moldean, así como los que ejercen autoridad y la quieren compartir, han de plantearse autocríticamente: ¿cómo me las arreglo con la afirmación de Jesús «No será así entre vosotros; antes bien, quien quiera ser grande entre vosotros que se haga vuestro servidor» (Mt 20,26)?

¿No nos debería interesar en la Iglesia sobre todo la guía anímica y espiritual? Lo que el papa Francisco dice a los pastores tienen que tomarlo en serio sobre todo los pastores. Pero no solo ellos; también igualmente todos los que tienen actividad eclesial, que configuran la Iglesia institución: lo que resta credibilidad a la Iglesia y ensombrece su testimonio, es –en palabras del papa Francisco– la falta de coherencia entre vida y enseñanza, la «esquizofrenia pastoral»: «La palabra que Jesús usa para calificar esta incoherencia, esta esquizofrenia, es *hipocresía*. ¡Es un rosario de calificaciones! Tomemos el capítulo veintitrés de san Mateo; muchas veces dice: "hipócritas por esto, hipócritas por esto, hipócritas...". Jesús los califica de "hipócritas". La hipocresía es el modo de actuar de quienes tienen responsabilidad sobre las personas –en este caso responsabilidad pastoral– pero no son coherentes, no son señores, no tienen autoridad. Y el pueblo de Dios es manso y tolerante; tolera a tantos pastores hipócritas, a tantos pastores esquizofrénicos que dicen y no hacen, sin coherencia. ¡Qué mal hacen los cristianos incoherentes que no dan testimonio y los pastores incoherentes, esquizofrénicos, que no dan testimonio!»[32]. Todos los que merman hoy la credibilidad de la Iglesia han de preguntarse cuál es su contribución a esa «esquizofrenia pastoral» explicitada por el papa, sin echar la culpa a otros. Solo si cada uno de nosotros captamos conscientemente en nuestra propia vida ese mal tan extendido y lo superamos con la fuerza del Espíritu de Dios podrá conseguir la Iglesia en conjunto la tan deseada y anhelada credibilidad.

La burocratización de la Iglesia a base de ciertos métodos empresariales presuntamente profesionales de gran porvenir suele abocar más bien a un lastre adicional y oscurece el rostro humano de la Iglesia. Por eso es importante que quienes por su ministerio representan hacia fuera a la Iglesia y actúan en su nombre ahonden su existencia humana y espiritual, se identifiquen con la misión de la Iglesia sin contradecirla con su propia vida, piensen, sientan y actúen con la Iglesia. Si uno ama a Jesucristo, tiene que amar también a su Iglesia, que es la comunidad de sus hermanos y hermanas en seguimiento suyo. El presupuesto para una evangelización fructífera es una eclesialidad vivida por todos los que están activos en la Iglesia. Solo mediante un testimonio fidedigno y vivo de Cristo puede cobrar vitalidad el mensaje de Jesucristo, y su Iglesia volverse atrayente y así misionera. El dinamismo de la evangelización se desarrolla a partir del coraje y la energía espiritual de sacar a colación las grandes cuestiones vitales de los seres humanos a la luz del evangelio y de la tradición viva de la Iglesia. Hemos de llegar a ser árboles que no solo producen «hojas», sino que dan frutos, para que no nos suceda el destino de la higuera (cf. Mt 11,12-26).

---

32. FRANCISCO, homilía en la misa de Santa Marta, 14.01.2020.

En nuestra actual situación, tiene importancia decisiva que la gente no vincule la fe y la Iglesia solo con preceptos y prohibiciones. La Iglesia no es en primer término una agencia de ética y moral para mejorar el mundo y educar a la humanidad, sino que es relación viva con Dios; todo lo demás derivará de ahí. Lo cual no quiere decir prescindir sin más de algún aspecto, sino colocarlo todo en un contexto que haga patente la riqueza del evangelio. «Una pastoral en clave misionera no se obsesiona por la transmisión desarticulada de una multitud de doctrinas que se intenta imponer a fuerza de insistencia. Cuando se asume un objetivo pastoral y un estilo misionero que realmente llegue a todos sin excepciones ni exclusiones, el anuncio se concentra en lo esencial, que es lo más bello, lo más grande, lo más atractivo y al mismo tiempo lo más necesario. La propuesta se simplifica, sin perder por ello profundidad y verdad, y así se vuelve más contundente y radiante»[33].

Un discernimiento de espíritus sensible de la mano del evangelio educará nuestra mirada para distinguir qué es el corazón del mensaje de Cristo y qué son aspectos secundarios. En nuestra sociedad marcada por los medios, corremos frecuentemente el peligro de no lograr presentar el sentido y la belleza del mensaje cristiano en su globalidad y en su contexto interno. Una y otra vez experimentamos cómo en especial la doctrina moral de la Iglesia es sacada de su contexto interno y, así mutilada, queda reducida a algunos de sus aspectos secundarios. «El problema mayor se produce cuando el mensaje que anunciamos aparece entonces identificado con esos aspectos secundarios que, sin dejar de ser importantes, por sí solos no manifiestan el corazón del mensaje de Jesucristo. Entonces conviene ser realistas y no dar por supuesto que nuestros interlocutores conocen el trasfondo completo de lo que decimos o que pueden conectar nuestro discurso con el núcleo esencial

---

33.   EG 35.

del Evangelio que le otorga sentido, hermosura y atractivo»[34]. Es nuestro cometido misionero en esta época ofrecer clarificación evangelizadora, que es una diaconía intelectual, una obra de misericordia espiritual, para hacer realidad un humanismo teónomo[35].

Para aunar los recursos de que disponemos y darles una impronta misionera, tiene importancia capital preguntar: ¿qué es ser cristiano? ¿Qué es la Iglesia? ¿Qué es la misión permanente de la Iglesia? El mensaje fundamental del evangelio es el amor ilimitado y solícito de Dios a los hombres, que nos capacita para amar a Dios, a nuestra vez, en la respuesta de nuestra fe. Dios nos hace participar de su vida divina en su hijo Jesucristo. Esta relación Dios-hombre está en el centro de la fe cristiana.

3. La unidad del espíritu como fuente de energía misionera

Una Iglesia que vive realmente la unión con Dios y entre nosotros puede desarrollar fuerzas misioneras, evangelizadoras. «Auxiliar la debilidad del otro»: así cita el papa Francisco la definición de misericordia que da santo Tomás de Aquino. En qué medida este mensaje de la misericordia está en el centro de una Iglesia evangelizadora, se deja ver también en cómo ella misma puede superar los enfrentamientos en su interior con una saludable disposición a la reconciliación, para así preservar la unidad del espíritu entre los fieles. La actitud de todos los que son activos en la Iglesia de estar unos con otros y

---

34. EG 34.
35. G. AUGUSTIN, *Kraft der Barmherzigkeit: Mensch sein aus den Quellen des Glaubens*, Ostfildern 2016, 81ss [trad. esp.: *La fuerza de la misericordia: La plenitud del ser humano*, Sal Terrae, Santander 2017, 94ss].

unos para otros es decisiva para desarrollar una nueva energía misionera y poder realizar en el mundo el mandato de Cristo. Nosotros, los cristianos, en especial los operantes en la Iglesia, debemos llevar una vida digna de nuestra vocación como cristianos. «Proceded con toda humildad y modestia, con paciencia, soportándoos unos a otros con amor, esforzándoos por mantener la unidad del espíritu con el vínculo de la paz. Uno es el cuerpo, uno el Espíritu, como es una la esperanza a que habéis sido llamados, uno el Señor, una la fe, uno el bautismo, uno Dios, Padre de todos, que está sobre todos, entre todos, en todos» (Ef 4,2-6).

Estas palabras de la Carta a los Efesios no solo son importantes para la unidad ecuménica entre las Iglesias y comunidades eclesiales, sino mucho más importantes aún para la unión intraeclesial de los católicos, que es el presupuesto para una salida misionera de la Iglesia. La unión mutua vuelve atrayente a la Iglesia y creíble su testimonio.

Como cristianos, estamos llamados a ser amigos de Cristo y colaboradores de Dios. Pero, si somos sinceros, hemos de admitir todos que no siempre nos tenemos simpatía en el plano humano ni siempre podemos hacernos amigos entre nosotros. Esto forma parte de nuestro modo de existencia en el mundo, de las estructuras pecaminosas del mundo, y pone de manifiesto nuestra menesterosidad salvífica. Pero la profesión de fe en Jesucristo y una vida en seguimiento suyo y con su espíritu exigen de nosotros, los cristianos, poner medidas distintas de las del mundo. Si queremos asumir nuestro cometido profético, hemos de formar, confiando intraeclesialmente en la fuerza del Espíritu Santo, una «sociedad de contraste», en la que el trato mutuo y la conversación sobre los otros estén marcados por la misericordia y el aprecio espiritual. Como testigos del reino de Dios, estamos llamados a acoger en Cristo a los no simpáticos como amigos, admitiendo con todo respeto sus opiniones y aspirando juntos a una comunión espiritual.

La actualidad de la exhortación bíblica de la Carta a los Efesios para una Iglesia en salida se muestra en el llamamiento que nos hace el papa Francisco: «¡No a la guerra entre nosotros! A los cristianos de todas las comunidades del mundo, quiero pediros especialmente un testimonio de comunión fraterna que se vuelva atractivo y resplandeciente. Que todos puedan admirar cómo os cuidáis unos a otros, cómo os dais aliento mutuamente y cómo os acompañáis: "En esto reconocerán que sois mis discípulos, en el amor que os tengáis unos a otros" (Jn 13,35)»[36].

El testimonio del amor mutuo es un signo de la presencia de Cristo en medio de nosotros. «Pero si ven el testimonio de comunidades auténticamente fraternas y reconciliadas, eso es siempre una luz que atrae. Por ello me duele tanto comprobar cómo en algunas comunidades cristianas, y aun entre personas consagradas, consentimos diversas formas de odio, divisiones, calumnias, difamaciones, venganzas, celos, deseos de imponer las propias ideas a costa de cualquier cosa, y hasta persecuciones que parecen una implacable caza de brujas. ¿A quién vamos a evangelizar con esos comportamientos?»[37].

Nosotros, los que en la Iglesia somos de diversos modos responsables ministeriales y acompañantes de servicios, ¿tenemos todos el deseo común de publicitar la verdad del evangelio y de entusiasmar con la belleza del evangelio? Pero la formación de frentes y la lucha de trincheras en nuestra propia Iglesia, que se puede observar en todas las Iglesias locales y a la que el papa Francisco alude sin ambages, hay que superarla por causa del evangelio. En lugar de perder el tiempo y la energía en confrontaciones entre opiniones doctrinales diversas, en interrogantes sobre distribución de competencias y en estar ocupados con aspectos secundarios,

---

36.   EG 98s.
37.   EG 100.

deberíamos concentrarnos en atestiguar de palabra y obra el amor de Cristo según las posibilidades y capacidades que se nos han concedido, viviendo la unidad del espíritu y de la fe. La formación de frentes intraeclesiales dificulta una buena comunicación de la fe, y las polarizaciones suelen sofocar la capacidad para ser auténtico. Por este motivo, una reconciliación intraeclesial a todos los niveles mediante una mirada común a Dios, vinculante para todos nosotros, es la condición para desplegar también hacia fuera la fuerza radiante de la fe[38].

Mirando a la unidad ecuménica de la cristiandad, el papa Juan Pablo II recalcó varias veces que la Iglesia ha de aprender a respirar con sus dos pulmones, el oriental y el occidental. Podemos aplicar esta imagen también a las peleas entre corrientes intraeclesiales. Hemos de aprender a respirar de manera reconciliada con la llamada ala conservadora y con la llamada ala liberal en la Iglesia. La identidad católica es una identidad abierta y la Iglesia no puede excluir a nadie que crea en Jesucristo y quiera vivir en comunión con él y con otros cristianos.

Una espiritualidad humanitaria y el espíritu de Jesús nos ayudarán a no llevar hasta el enfrentamiento mutuo las tensiones en la Iglesia, sino hacerlas fructíferas como dinamismo y fuerza para nuestro envío misionero. Las discrepancias de opinión y las diferentes concepciones sobre la configuración organizativa de la institución Iglesia no deberían hacernos olvidar en qué consiste nuestra misión común. La mirada común a Cristo y su mensaje de reconciliación puede ayudarnos a superar por Jesús la formación de frentes y a vivir unos con otros y unos para otros una diversidad reconciliada de todos. Un testimonio así puede hacer que la Iglesia sea

---

38. Cf. G. AUGUSTIN (ed.), *Strahlkraft des Glaubens: Identität und Relevanz des Christseins heute*, ThIDia 17, Freiburg i. Br. 2016 [trad. esp.: *La fuerza radiante de la fe. Identidad y relevancia del ser cristiano hoy*, Sal Terrae, Santander 2016].

continuamente creíble y atractiva[39]. La disposición creyente a estar en la corriente común de la tradición viva y a guiarse por la enseñanza de los concilios y del magisterio tiene para ello decisiva importancia y es señal de una apertura espiritual, de una eclesialidad vivida.

Tener ante los ojos la meta común –Dios mismo y la vida eterna como participación en la vida divina– nos ayuda a superar las confrontaciones y enfrentamientos en nuestra Iglesia. No tenemos motivo alguno para establecer, según el modelo político, frentes de derechas y de izquierdas, conservadores y liberales. En la Iglesia no pueden manejarse consignas o alternativas políticas: la Iglesia ha de ser «conservadora» cuando se trata de la tradición apostólica y la preservación de la fe y «progresista» en el sentido de un enfoque hacia el futuro de la Iglesia y en el trato humano entre los fieles, que siempre puede crecer en el amor.

Para congregarse de cara a ese gran objetivo común, es preciso vivir también en la Iglesia una diversidad reconciliada: «Las distintas líneas de pensamiento filosófico, teológico y pastoral, si se dejan armonizar por el Espíritu en el respeto y el amor, también pueden hacer crecer a la Iglesia, ya que ayudan a explicitar mejor el riquísimo tesoro de la Palabra. A quienes sueñan con una doctrina monolítica defendida por todos sin matices, esto puede parecerles una imperfecta dispersión. Pero la realidad es que esa variedad ayuda a que se manifiesten y desarrollen mejor los diversos aspectos de la inagotable riqueza del Evangelio»[40].

Ha llegado el momento de superar la anterior mentalidad de frentes y encasillamientos poniéndonos juntos en el camino del ser cristiano y del seguimiento de Cristo y situándonos bajo la exigencia del evangelio, sin negarnos mutuamente la con-

---

39. Cf. EG 98; 226s.
40. Cf. EG 40.

dición de católicos. El camino de la Iglesia es un movimiento confiado hacia delante, sin quedar colgados del pasado, sino aprendiendo de las experiencias anteriores y mirando adelante llenos de esperanza. Naturalmente que tenemos que superar el pasado. Naturalmente que tenemos que poner nombre a las cosas que no funcionaron bien en el pasado. Pero en lugar de quedar atascados en los fallos de la Iglesia en el pasado, hemos de emplear más energías en no repetirlos. Lo que resulta atrayente no es la negatividad, los defectos y el comportamiento pecaminoso de algunos colaboradores de la Iglesia, sino la presentación de la persona de Jesucristo en su belleza y con el vigor significativo de la fe.

Si todos tenemos la encomienda del Señor de servir a su mensaje, podemos tener a la vista primero lo que nos une, no lo que nos separa. Esto vale en especial para el modo y manera como ejercemos la crítica en la comunidad eclesial y como nos manejamos con la crítica que se expresa. ¿De qué mentalidad nace nuestra crítica a la Iglesia? ¿Se trata de una crítica constructiva, para eliminar los fallos producidos en la actuación de las personas, o de una crítica global y sin matices, que hace daño a la Iglesia en cuanto tal? Si nosotros mismos, que tenemos actividad en el ámbito eclesial, criticamos globalmente y sin matices a la Iglesia, ¿cómo podrán los de fuera descubrir su belleza y la belleza de su mensaje?

Cuando criticamos a otros, la medida con que medimos a los otros hemos de aplicárnosla también nosotros mismos. Está vigente la regla de oro que se encuentra en todas las religiones: «Tratad a los demás como queréis que os traten a vosotros» (Mt 7,12). «No juzguéis y no seréis juzgados» (Lc 6,37). Una y otra vez observamos en el interior de la Iglesia un patrón de comportamiento reiterado: la crítica es ejercida de tal modo que se critica a la Iglesia como «sistema» y a sus estructuras, suscitando así en otras personas la sensación de que quien critica está situado «fuera del sistema» y no forma parte él mismo de la «Iglesia» objeto de represión. Pero este modo de criticar en bloque se sustrae a la visión de que, como bautizados, todos formamos parte de la Iglesia y de que todo cambio del «sistema» o de las «estructuras» ha de comenzar por la conversión del corazón y el cambio de conducta de cada uno. Afirmar que «únicamente con cambios estructurales» sea posible la renovación de la Iglesia es una maniobra distractiva –consciente o inconsciente–, pues lo verdadero es lo contrario: la renovación de la Iglesia comienza en el corazón de los seres humanos y de la conducta cristiana cotidiana que de ahí brota.

A menudo hablamos en abstracto de «la Iglesia», para quitarnos responsabilidad. Pero el ser o no ser de la Iglesia depende también de la actitud y el comportamiento de sus fieles. Una reclamación de que «la Iglesia» debería hacer esto o lo otro es en realidad un requerimiento a nosotros mismos, contando con que nadie puede exigir de la Iglesia que haga suyas todas sus ideas y concepciones subjetivas. La visión psicológica enseña que una atmósfera de permanente crítica a la Iglesia se traduce en desaliento y paraliza las perspectivas de actuación. Culpando a los demás no podemos alumbrar ninguna vida nueva. Poniéndonos críticamente por encima de los demás no nos engrandecemos. La verdadera grandeza consiste en hacer grandes a quienes tenemos al lado.

En lugar de estar continuamente criticando a «la Iglesia», es sumamente necesario volverse más autocríticos. Solamente una autocrítica necesaria puede protegernos del orgullo y la presunción propios. Solamente la autocrítica puede preservarnos a cada cual de la autojustificación farisaica, de forma que nos preguntemos: ¿qué aporto yo para que las personas en búsqueda religiosa encuentren en nosotros vinculación a Dios y para fortalecer la unidad entre nosotros y que así nuestro testimonio tenga éxito? ¿En cuántos debates ponemos en el centro aspectos secundarios y los convertimos en la cuestión principal? En cambio, ¿en cuántos debates nos planteamos la pregunta autocrítica del origen de nuestra incapacidad para hablar de Dios, de la fe, de Jesucristo y su mensaje de vida? Si cada individuo desarrolla la capacidad mental y espiritual de sanar heridas y de caldear los corazones humanos, la Iglesia en conjunto producirá un efecto sanador y reconciliador. Entonces cumplimos nuestro envío misionero.

Naturalmente, la Iglesia como institución ha de preguntarse lo que debe hacer para evitar el oscurecimiento de su autoridad moral por el mal comportamiento de algunos de sus representantes. Aquí sirve de poco una crítica en bloque. En lugar de ello hay que mirar con precisión y preguntar: ¿qué es lo que está bajo responsabilidad de los individuos y lo que está en el plano estructural? La generalización de los pecados individuales arroja una sombra sobre la Iglesia entera y debilita la fuerza atractiva de su mensaje. Es preciso contrarrestar la tendencia a generalizar sin más el pecado y la culpa de los individuos y hacerlos comunitarios. Una «colectivización» indiscriminada de los pecados aminora la responsabilidad individual y oscurece el rostro de la institución Iglesia. Cuando los fieles individuales cometen pecado y se hacen culpables, también son las personas individuales las que han de cargar con la responsabilidad.

Siempre habrá muchas sombras en los representantes individuales de la Iglesia. Pero si reflexionamos sobre lo bueno y positivo que acaece en la Iglesia y captamos su múltiple luz, esa luz puede iluminar nuestra vida a pesar de todas las sombras que haya en la Iglesia. Vivir hoy la Iglesia de Jesucristo incluye no ver en ella el objeto preferente de la crítica colectiva, ni tampoco primariamente un objeto de reforma, sino percibirla como lugar de la relación con Dios y de la fe vivida. De ese cambio de paradigma requerido se seguirá lo necesario: la experiencia de superar la amargura y la resignación interior viviendo un espíritu de reconciliación y de poder comenzar de nuevo cada día llenos de esperanza en Dios.

4. El reto de la evangelización

La tarea de evangelizar es un gran reto teológico, mental-espiritual y pastoral. En un paisaje cultural de pluralismo religioso y en un entorno secular es a la vez un reto cultural. Evidentemente, no tenemos otro mundo que nuestro mundo. Por eso no vamos a conseguir mucho con estar continuamente criticando el mundo secular en lugar de introducirnos en él, sin perder nuestra identidad. Resultaría más fructífero reflexionar sobre cómo podemos remodelar nuestro mundo a la luz de Cristo sin asimilarnos a ese mundo. Conversando en la comunidad eclesial para profundizar desde la fe, lo que importa es un discernimiento de espíritus sobre el significado que tiene para nosotros hoy la palabra de Jesús «Estáis en el mundo, pero no sois de este mundo» (cf. Jn 17,14-18). Este es el reto que tenemos planteado y que no debemos rehuir. No podemos aguardar a tiempos más favorables y mejores condiciones para evangelizar, pues cada tiempo tiene sus desafíos. Es preciso asumir la evangelización como misión permanente. La realidad vital humana, necesitada de redención, no determina la doctrina cristiana, sino que es el mensaje el que la redime y marca.

Hoy cada cual tiene la libertad de manifestar sus opiniones personales según su leal saber y entender y de configurar su vida de acuerdo con su convicción creyente. Pero nadie va a exigir de la Iglesia que admita y apruebe todas las opiniones subjetivas. Podemos observar con frecuencia una tendencia muy extendida: muchas personas parecen no entender o no querer entender la doctrina de la Iglesia. Por eso no se nos ahorra la tarea de esclarecer nuevamente el sentido de la fe con paciencia y amor, como buenos pastores.

Los contenidos centrales de la fe, que están fundados en la revelación de Dios, no los podemos adaptar arbitrariamente como un programa partidista a las novedosas expectativas de los seres humanos. No se trata en primer término de preguntar por la modernidad de la fe o por la adecuación o inadecuación a la época de tales o cuales aspectos de la vida y la fe católica, sino que el baremo está en examinar los «signos de los tiempos» para ver lo que hoy se ajusta al mensaje de Jesucristo y nos acerca más a Dios, lo que hoy nos proporciona esperanza y vigor y nos ayuda a modelar con acierto la vida en seguimiento de Cristo y a dejar en el mundo la impronta de su espíritu. La identidad de la Iglesia constituye a la vez su relevancia: Tiene que enfocar el mensaje de Cristo.

La fe cristiana no puede rechazar el escándalo de la cruz: «De cualquier modo, nunca podremos convertir las enseñanzas de la Iglesia en algo fácilmente comprendido y felizmente valorado por todos. La fe siempre conserva un aspecto de cruz, alguna oscuridad que no le quita la firmeza de su adhesión. Hay cosas que solo se comprenden y valoran desde esa adhesión que es hermana del amor, más allá de la claridad con que puedan percibirse las razones y argumentos. Por ello, cabe recordar que todo adoctrinamiento ha de situarse en la actitud evangelizadora que despierte la adhesión del corazón con la cercanía, el amor y el testimonio»[41]. Una actitud tal para evangelizar combina la tranquilidad de lo que es un don con la pasión por lo posible. Nosotros cumplimos nuestro envío misionero exponiendo la fe, explicándola y franqueándola. Se trata asimismo de poner los diversos aspectos de la fe católica en su conexión interna de tal modo referidos al centro de la fe que esta comience a resplandecer e irradiar por sí misma, por su propia lógica interna. El objetivo de nuestro empeño es ganar a las personas para que entiendan su camino vital como un camino hacia Dios y hagan espacio a Dios en la configuración de su vida.

Para que ese empeño tenga éxito, no podemos quedarnos a un nivel abstracto, diciendo que «la Iglesia» habría de hacer

---

41.   EG 42.

esto y lo otro. Todo el que tiene un compromiso activo en la Iglesia está llamado, en su entorno y su ámbito de responsabilidad, a sentir, pensar y actuar como el Buen Pastor Jesucristo. Pues aunque nuestra encomienda de ser testigos del evangelio en las condiciones de nuestro tiempo requiere de nosotros un compromiso magnánimo, no debemos olvidar nunca que al servicio del evangelio nosotros somos únicamente colaboradores. Jesús mismo es el que anuncia el evangelio, es su iniciador, su contenido y su consumador. Si reconocemos a Dios mismo como el que actúa y nos comprendemos como instrumento suyo, esta visión nos supone quedar aliviados ante el desafío ligado a la misión de evangelizar y nos preserva del agotamiento, la resignación y el excesivo agobio. Si nuestra vida y nuestra actuación parten del convencimiento de que la iniciativa reside en Dios y de que a él se debe todo crecimiento, esta actitud humilde nos permite «conservar la alegría en medio de una tarea tan exigente y desafiante que toma nuestra vida por entero. Nos pide todo, pero al mismo tiempo nos ofrece todo»[42].

Esta tarea es para la Iglesia entera y para todos los cristianos. Cada bautizado tiene su vocación a evangelizar. Pero esta visión teológica no debe llevar a que los responsables de la encomienda evangelizadora de la Iglesia no se hagan cargo suficiente de su propia responsabilidad y se escondan tras la responsabilidad general. Sabemos que todos los seres humanos tienen derecho a recibir el evangelio y que todos los cristianos tienen el deber de anunciar el evangelio. Pero la miseria de nuestra época es esto: ¿quién de nosotros tiene motivación real para una acción misionera? ¿Cómo podemos desarrollar una motivación misionera, especialmente en las Iglesias particulares europeas? ¿Por qué encontramos tan poca resonancia a los repetidos llamamientos de los papas a la evangelización,

---

42. EG 12.

a una reevangelización, a una nueva evangelización, en el contexto europeo, la «tierra primigenia» de la Iglesia?

De acuerdo con la estructura episcopal de la Iglesia católica, un impulso mental y espiritual para evangelizar, que sea totalizante y motivador en muchas perspectivas, solo puede partir de los obispos, en cuanto primeros evangelizadores. Aun cuando corresponde a todos los bautizados proseguir la misión evangelizadora de Cristo, según el autoconcepto del Concilio Vaticano II la evangelización es el deber oficial indelegable de obispos y presbíteros[43]. «El cuidado de anunciar el Evangelio en todo el mundo pertenece al Cuerpo de los Pastores, ya que a todos ellos, en común, dio Cristo el mandato, imponiéndoles un oficio común [...]. Por lo cual deben socorrer con todas sus fuerzas a las misiones, ya sea con operarios para la mies, ya con ayudas espirituales y materiales; bien directamente por sí mismos, bien estimulando la ardiente cooperación de los fieles»[44]. En este contexto se puede plantear la pregunta de por qué los llamamientos de los últimos papas, a partir de Pablo VI, para hacer de la evangelización una prioridad en las distintas Iglesias particulares no han obtenido la esperada y deseada repercusión y, sobre todo en las latitudes europeas, no se ha convertido aún en afán del corazón de la mayoría una nueva evangelización que marcara y determinara todas las actividades eclesiales[45]. ¿Se da todavía en Europa la fe en poder volver a ilusionar por Cristo y su Iglesia a una persona alejada de la Iglesia? Es preciso preguntar: ¿cómo podemos superar el tema recurrente de la decadencia, que nos paraliza, y actuar pensando en el crecimiento? Nuestro testimonio

---

43. Cf. Concilio Vaticano II, *Lumen gentium* 23.28; decreto *Christus Dominus* sobre el deber pastoral de los obispos 2; decreto *Presbyterorum ordinis* sobre el ministerio y la vida de los presbíteros 2.4.

44. *Lumen gentium* 23.

45. Evidentemente, no queremos pasar por alto aquí las iniciativas provenientes de la base, que son dignas de aprecio y apoyo.

activo como cristianos está sometido a la misma ley de todo ser viviente: lo que no quiere crecer morirá.

El papa Francisco, que anhela una etapa nueva de la evangelización, alienta a los responsables más importantes de la evangelización a dar a sus Iglesias locales un nuevo enfoque misionero: «El obispo siempre debe fomentar la comunión misionera en su Iglesia diocesana siguiendo el ideal de las primeras comunidades cristianas, donde los creyentes tenían un solo corazón y una sola alma (cf. Hch 4,32). Para eso, a veces estará delante para indicar el camino y cuidar la esperanza del pueblo, otras veces estará simplemente en medio de todos con su cercanía sencilla y misericordiosa, y en ocasiones deberá caminar detrás del pueblo para ayudar a los rezagados y, sobre todo, porque el rebaño mismo tiene su olfato para encontrar nuevos caminos. En su misión de fomentar una comunión dinámica, abierta y misionera, tendrá que alentar y procurar la maduración de los mecanismos de participación que proponen el Código de Derecho Canónico y otras formas de diálogo pastoral, con el deseo de escuchar a todos y no solo a algunos que le acaricien los oídos. Pero el objetivo de estos procesos participativos no será principalmente la organización eclesial, sino el sueño misionero de llegar a todos»[46]. Si todos los obispos de las Iglesias particulares europeas hicieran suyo este sueño misionero del papa como primera prioridad, aportarían una contribución esencial para hacer florecer el paisaje eclesial en Europa.

Estamos teniendo debates teológicos reformistas en torno a estas cuestiones: ¿quién es sujeto de la actividad misionera? ¿De qué tipo es el reparto de tareas entre los responsables ministeriales y los laicos? ¿Qué imagen de la Iglesia es adecuada para comenzar la misión? ¿Qué condiciones para ello deben cumplirse en la Iglesia? Pero estas discusiones teológicas pueden adoptar el carácter de charlas dominicales, incluso

---

46. EG 31.

de escapatorias. Honradamente hemos de afirmar: si un cristiano está dispuesto a asumir un compromiso activo misionero y en sus circunstancias vitales hace lo que puede y debe hacer, no hay en la Iglesia actual nada que se lo impida. ¿Qué es lo que nos retiene de amar a Dios y hacer el bien al prójimo? ¿No muestra la experiencia que justo las Iglesias particulares en las que desde hace décadas se ha invertido mucha energía en esos debates reformistas sobre la distribución de competencias y responsabilidades no desarrollan apenas energía misionera?[47].

De aquí que la actitud fundamental de todas las personas activas en la Iglesia haya de ser no tomarse a sí mismas con demasiada importancia y no girar excesivamente en torno a sí mismas. La historia de la misión nos lo enseña: siempre han sido personas sueltas, inspiradas por Dios y entusiastas de Dios, las que han dado impulsos relevantes a la misión. Por eso no debemos tampoco callar que en todas partes de la Iglesia hay incontables personas que –independientemente de su posición como sacerdotes, religiosos y religiosas, catequistas o padres y madres de familia convencidos– viven y transmiten su fe en difíciles condiciones. Son los héroes misioneros de nuestro tiempo. ¡Hay que dar las gracias por ellos!

El desafío para todos nosotros es salir fuera de nosotros y dirigirnos a los seres humanos con un mensaje de amor, misericordia y reconciliación, comunicándoles el mensaje de Jesús hoy como una oferta consistente de sentido. Nuestro cometido es mantener abierto el espacio de la trascendencia y crear así las condiciones para que la gente descubra a Jesús y su evangelio como la verdad de sus vidas. Una Iglesia que sea signo e instrumento del cielo abierto es siempre misionera.

Para la Iglesia tiene que ser una cuestión apremiante por qué personas con interés religioso buscan de ordinario respuesta a

---

47.   ¿Podemos aprender algo de la experiencia con el debate reformista en la Iglesia de los Países Bajos?

sus preguntas fuera de la Iglesia. No podemos aguardar a que vuelvan a la Iglesia por sí mismas. El papa Francisco, que se ha autodescrito como alguien procedente del fin del mundo, nos recuerda el necesario dinamismo misionero de la Iglesia: se trata de un movimiento desde el centro de la fe a las periferias de la existencia humana. Para este movimiento se requiere nuestra comunión mental y espiritual como caminantes, que nos conduce a Dios. La fuerza vinculante de nuestro camino común es la alegría del evangelio y el discipulado misionero, que hay que descubrir y vivir cada día de nuevo.

5. La evangelización como proceso dialogal

La evangelización solo puede conseguirse a partir de una certeza creyente. Es necesario que visualicemos de nuevo nuestra fe y nos aseguremos de nuevo de nuestra identidad como Iglesia católica. Mediante ese proceso espiritual, obtenemos al mismo tiempo la fuerza para la evangelización y para la nueva evangelización[48]. La certidumbre intraeclesial de la fe es condición indispensable para cualquier diálogo de fe y de vida hacia fuera. Un interlocutor que solo mantiene o puede mantener a medias su propio convencimiento creyente no es tomado en serio por nadie. Una comunidad eclesial que no tiene conciencia de su propia identidad no puede llevar un diálogo razonable con quienes están en búsqueda religiosa o

---

48. W. KASPER, «Neue Evangelisierung – eine pastorale, theologische und geistliche Herausforderung», en G. Augustin y K. Krämer (eds.), *Neuevangelisierung als Herausforderung: Impulse zur Verlebendigung des Glaubens*, ThIDia 6, Freiburg i. Br. 2011, 23-39 [trad. esp.: «La nueva evangelización: un desafío pastoral, teológico y espiritual», en G. Augustin (ed.), *El desafío de la nueva evangelización*, Sal Terrae, Santander 2012, 19-37]; G. AUGUSTIN, «Wege zum Gelingen der Neuevangelisierung», *ibid.*, 141-167 [trad. esp.: «Caminos hacia el éxito de la nueva evangelización», en *ibid.*, 137-165].

piensan distinto. La Iglesia llega a ser capaz de dialogar si los cristianos profesamos con alegría nuestra fe, convencidos y convincentes, y encontramos el coraje de dar testimonio de nuestra fe con ocasión o sin ella, de palabra y obra.

La misión salvífica evangelizadora al mundo solo la podemos andar como un camino dialogal. Una Iglesia en vía evangelizadora ha de entrar en diálogo con las culturas y sociedades actuales del mundo[49]. El diálogo entre fe y cultura en un mundo secular es una «diaconía intelectual de salvación» (papa Benedicto XVI). Con el diálogo podemos hacernos presentes en la «periferia existencial de la vida» (papa Francisco). La misión de la Iglesia es percibir a Dios en esa periferia y ayudar a los seres humanos a entrar en relación con el Dios ya presente y salvador en sus vidas y a ahondar esa relación. El diálogo de la Iglesia es la realización de la diaconía cristiana, que va incluida en la preocupación salvífica integral por los hombres.

En el contexto de una sociedad secular y plural, por una parte ya no es evidente de por sí ser cristiano; por otra, los cristianos forman parte evidente de esta sociedad y de su cultura secular. Su tarea central es dar respuestas a la pregunta por la identidad y relevancia de la fe cristiana, pues la fe cristiana se encuentra en un dilema identidad-relevancia en la situación actual. Si la fe se ajusta demasiado a las expectativas y concepciones usuales, corre peligro de perder su identidad y con ello, al final, quedar también irrelevante. Si, en cambio, se aísla por miedo en torno a su identidad, yerra en definitiva faltando a su primigenia encomienda respecto al mundo y a su relevancia para los hombres de hoy.

La identidad de la fe no es una identidad cerrada en sí misma, sino que está abierta, es procesual y siempre por adquirir de nuevo. El diálogo de la vida en el espíritu del

---

49. Cf. EG 133.

evangelio, el encuentro con los otros creyentes y con los no creyentes, es el lugar donde la fe cristiana modela su propia identidad y hace patente su relevancia para la sociedad[50]. Esto es ya un presupuesto fundamental de la evangelización.

El origen y el fundamento de la fe cristiana es el diálogo salvífico entre Dios y el hombre. Nuestra fe, por tanto, es ella misma diálogo, porque brota de escuchar y responder a la palabra de Dios. Andar este camino es nuestra vocación primordial. La apertura a las preguntas de la época y la disposición a buscar una respuesta a las preguntas existenciales de los seres humanos desde el centro de la fe cristiana es la tarea permanente de una Iglesia que está puesta por Dios al servicio del hombre.

La mentalidad dialogal abarca todos los esfuerzos por hablar de Dios en nuestro mundo. Para lo cual es también necesario entablar diálogo con la moderna historia de la libertad. En el diálogo con la modernidad se trata de vincular la pregunta permanente por la verdadera religión con la moderna historia de la libertad de un modo tal que ni se imponga la verdad religiosa a costa de la libertad ni la libertad pierda su vínculo con la verdad y caiga en la arbitrariedad o en la ausencia de normas. En el diálogo, la relación recíproca entre libertad y verdad resulta ser el reto central. Por causa de los seres humanos, es hoy más importante que nunca hablar de modo nuevo y convincente del Dios viviente y liberador, que es el amor y la vida en plenitud. Ese hablar sobre Dios es un servicio a la vida y a la libertad de las personas. Franqueamos así a todos los hombres una perspectiva de esperanza, que se ha de entender como cumplimiento de nuestra misión evangelizadora.

---

50. Cf. W. KASPER, *Katholische Kirche*, WKGS 13, Freiburg i. Br. 2022, 409-462 [trad. esp.: *La Iglesia católica*, OCWK 13, Sal Terrae, Santander 2024, 409-462].

En ello desempeña un papel esencial el diálogo con las diversas culturas. Fe y cultura son conceptos totalizantes, que marcan la realidad de los actos humanos vitales y la configuración de la sociedad[51]. Pese a la secularización, la fe sigue teniendo una fuerza modeladora de cultura. Agudiza la conciencia humana y refuerza la responsabilidad social. La fe cristiana nos da una respuesta consistente a los interrogantes de la vida social para desarrollar una necesaria y necesitada cultura humana de la responsabilidad social en todos los ámbitos de la vida de la sociedad[52].

La cultura europea recibió durante siglos la impronta de la fe cristiana. También en esta era secular, el éxito de la vida individual y de la convivencia humana depende de que se den recursos de motivación moral para el comportamiento individual, así como criterios morales y sistemas de valores que potencien y sostengan la paz y la justicia del orden social. La fe cristiana lleva inherente la fuerza para inspirar y motivar a los hombres a implicarse valerosa y magnánimamente por la paz, la libertad y la justicia. Estos valores son elementos irrenunciables para la construcción de una sociedad buena y justa y para el auténtico desarrollo integral del hombre. La fuerza inspiradora de la fe puede liberar energías promotoras de vida y mostrar cómo los dones de la creación pueden ser preservados adecuadamente y distribuidos en beneficio de la humanidad. Las personas cuya fe es auténtica y viva, que son conscientes de su identidad cristiana y viven de ella, tienen la energía de transformar para bien la cultura por medio de sus actitudes y valores.

---

51.   Para una exposición detallada, cf. George AUGUSTIN y Horst KÖHLER (eds.), *Glaube und Kultur*, Freiburg i. Br. 2014; sobre todo George AUGUSTIN, «Christlicher Glaube als Grundlage menschlicher Lebenskultur», 67-96.

52.   Cf. EG 50-75.

La cultura de una sociedad cobra expresión en todos los ámbitos de su realización vital. Si observamos con atención el mundo secular, queda claro lo siguiente[53]: una sociedad que excluye la fe en Dios de la esfera y la actividad públicas elimina las condiciones para su desarrollo humano y más pronto o más tarde se vuelve egoísta, inmisericorde e injusta. No debemos pasar por alto que hoy estamos viviendo en las sociedades modernas una creciente merma moral de los vínculos sociales y una pérdida de solidaridad de la sociedad civil[54].

La fe cristiana contribuye a inspirar y purificar la razón autorresponsable y a suscitar en la sociedad civil energías éticas y morales, sin las que no pueden construirse estructuras justas ni alcanzar efectividad a la larga. «Este papel "corrector" de la religión respecto a la razón no siempre ha sido bienvenido, en parte debido a expresiones deformadas de la religión, tales como el sectarismo y el fundamentalismo, que pueden ser percibidas como generadoras de serios problemas sociales. Y a su vez, dichas distorsiones de la religión surgen cuando se presta una atención insuficiente al papel purificador y vertebrador de la razón respecto a la religión. Se trata de un proceso en doble sentido. Sin la ayuda correctora de la religión, la razón puede ser también presa de distorsiones, como cuando es manipulada por las ideologías o se aplica de forma parcial en detrimento de la consideración plena de la dignidad de la persona humana»[55]. La justicia es el mínimo para que funcione el orden social. Pero la sociedad necesita siempre, más allá de la justicia, una cultura del amor y de la misericordia. «La justicia por sí misma no basta, y la experiencia enseña que apelando solamente a ella se corre el riesgo de

---

53. Cf. Ronald INGLEHART, *Culture Shift in Advanced Industrial Society*, Princeton 1990.
54. Cf. EG 52ss.
55. BENEDICTO XVI, discurso en el encuentro con representantes de la sociedad británica, Westminster Hall, 17.09.2010.

destruirla»[56]. Para construir una cultura del amor, la fe cristiana procura una aportación irrenunciable.

Por cuanto la fe establece identidad, crea el presupuesto para una cultura con rostro humano. Por eso es preciso siempre adquirir nueva certidumbre de la fuerza inspiradora y determinante de la fe, así como de su importancia para lograr una convivencia y cooperación en la sociedad, en beneficio de todos. No obstante, a la vez hay que referirse al peligro de que una falsa interpretación de la fe pueda hacer uso abusivo de la religión para fines políticos y económicos. La fe cristiana, mediante la conciencia de ser creaturas de Dios, vincula a los seres humanos en una igualdad básica, reconociendo que también mi congénere es una creatura de Dios lo mismo que yo, a la que hay que mostrar respeto y simpatía. Al defender la dignidad creatural de todo ser humano, la fe cristiana ofrece el fundamento para una cultura universal de la paz y la justicia, sobre cuya base es posible la colaboración con todas las personas de buena voluntad en beneficio de la familia humana. También en el tema de la protección del medio ambiente y la preservación de la creación es tarea misionera nuestra introducir en el diálogo a Dios Creador. ¿Pueden los seres humanos preservar la creación sin el Creador?

Aun cuando en las sociedades seculares las instituciones públicas parecen seguir su propia racionalidad sin referencia a una religión, una sociedad no puede ser nunca completamente arreligiosa; a no ser que quisiera proscribir de la opinión pública las preguntas últimas de la vida. Forma parte de la humanidad del ser humano el enfrentarse una y otra vez a las preguntas últimas de la vida. Dar respuestas a esas preguntas no es cometido de instancias estatales, que por su parte han de preocuparse del espacio público y de la promoción de una cul-

---

56.   FRANCISCO, bula *Misericordiae vultus* de convocación del Jubileo Extraordinario de la Misericordia (2015) 21.

tura en que puedan expresarse esas preguntas y puedan buscarse respuestas. La fe cristiana da respuesta a las preguntas existenciales del ser humano, que dejan impronta no solo en su vida personal y privada, sino también en la pública y social.

La mutación de la cultura puede tener una influencia positiva o negativa en el desarrollo del hombre individual y en la configuración de la sociedad. El fundamento mental y ético que una sociedad necesita en toda mutación cultural para llegar a una convivencia lograda vive de un horizonte de sentido que la sociedad secular no puede darse a sí misma. Los cristianos, que con su fe en Dios están vinculados por las convicciones y los valores comunes, franquean a la sociedad un horizonte nuevo, más allá del mundo visible e inmediato.

Ninguna persona ni ninguna generación se libra de la necesidad de cerciorarse de los fundamentos y las raíces espirituales del sistema de valores de su cultura. La inspiración de la herencia intelectual y religiosa de la humanidad puede proporcionar una perspectiva de futuro a la actual cultura secular. Pues el desarrollo posterior de una cultura humana depende sustancialmente de que hoy se logre abrir de modo fructífero a las generaciones futuras los esquemas de valores positivos y abundantes de las tradiciones religiosas. La fe es, por razones culturales, un tema irrenunciable para una sociedad por su propio bien, aunque ella se considere a sí misma como secular.

Por eso, recapacitar sobre las raíces de nuestra cultura solo puede ser beneficioso para nuestra era secular. La confesión de Dios y las preguntas y respuestas de la fe pueden enriquecer sustancialmente la vida de las personas que contribuyen a modelar la vida de la sociedad y tienen responsabilidad. Con ello cobra importancia central el diálogo como forma de vida. Para los cristianos, esto significa encontrar un camino que entrelace la identidad y la relevancia de la fe, superando los peligros de encerramiento por un lado y de acomodación por otro. La Iglesia solo puede asumir esta tarea si en su centro es palpable el actuar de Dios.

Por una parte, hoy en Europa muchos ponen en cuestión el vigor cultural del cristianismo. Algunos hablan de una crisis de la cultura cristiana. Por otra parte, se puede percibir hoy en todos los rincones del mundo, afortunadamente, una cultura determinada por la fe cristiana y plasmada en planteamientos, que aboga por una praxis humanitaria y solidaria entre los seres humanos. La práctica humanitaria vivida encuentra acceso al corazón de la gente y puede así influir en la mentalidad y la acción públicas. De este modo, el vigor de la fe cristiana puede dejar su impronta cultural mucho más allá de las fronteras eclesiales. Una globalización de los criterios que dan soporte a una cultura cristiana puede potenciar la solidaridad entre todas las personas y naciones y contribuir a la paz.

Los fieles de la Iglesia viven a escala mundial en diversos sistemas políticos y culturas; el cristianismo no puede nunca identificarse sin más con una determinada cultura regional o con un sistema político. Pero al mismo tiempo es deber de todos los cristianos cuidar de que entre el evangelio y la cultura no se produzca brecha alguna, sino que se llegue a un encuentro saludable. Para la configuración positiva de una sociedad civil necesitamos una cultura que tenga fuerza para desarrollar en los seres humanos lo noble y lo bello.

Como la fe cristiana mantiene patente la dimensión de la trascendencia, representa un horizonte indisponible para todo poder político y social: Dios es el garante de la libertad y la humanidad. Cuando, con la pérdida de la fe en Dios, desaparece de la realidad social ese horizonte indisponible, se produce un vacío, que da rienda suelta a injusticias y opresiones, egoísmos competitivos y el inmisericorde derecho de los más fuertes. La denegación de la trascendencia impulsa la absolutización de los intereses individuales y de grupos; la apertura a la trascendencia puede preservar de conflictos a las culturas[57]. Esta experiencia hace caer en la cuenta de lo urgente de crear una sensibilidad nueva para la trascendencia. En la actual época secular, la Iglesia se vuelve abogada de la trascendencia.

Allí donde las personas viven de la conciencia de que deben su vida a Dios y de que solas no pueden resolver por sus propias fuerzas los problemas y dificultades de la convivencia humana, crece en el corazón de las personas la fuerza moral de la paciencia y del manejo realista y pacífico incluso de realidades de fracaso y de limitación propia. La fe cristiana otorga a los seres humanos una orientación que los capacita y alienta, partiendo de Dios, pese a todas las experiencias negativas y posibilidades limitadas, para configurar el mundo en bien de la humanidad de forma asertiva, misericordiosa y vigorosa.

El contexto del diálogo de la fe no es solo el mundo secular, sino también la pluralidad de las religiones. El paisaje religioso ha cambiado sustancialmente en los últimos decenios, sobre todo en Europa. La pluralidad de religiones se ha vuelto una experiencia cotidiana también en la esfera cultural occidental y presenta un potente desafío teológico para la fe cristiana, que vive de la aseveración de que Jesucristo tiene una significación salvífica universal y única para todos los hombres.

El cambio de situación requiere de nosotros repensar el sentido de la pluralidad de religiones existente y, dentro de esa pluralidad, redefinir el lugar del cristianismo de acuerdo con su autoconcepto[58]. Esto solo es posible mediante un diálogo

---

57. Cf. Samuel P. HUNTINGTON, *The Clash of Civilizations*, London 1996 [trad. esp.: *El choque de civilizaciones y la reconfiguración del orden mundial*, Paidós, Barcelona 1997¹].
58. Cf. G. AUGUSTIN, *Gott eint – trennt Christus? Die Einmaligkeit und Universalität Jesu Christi als Grundlage einer christlichen Theologie der Religionen*, Paderborn 1993 [trad. esp.: *Dios une, ¿Cristo divide? La unicidad y la universalidad de Jesucristo como base de una teología cristiana de las religiones*, Sal Terrae, Santander 2024].

de la vida y de la verdad. Así la fe cobra mayor capacidad de encuentro y de futuro y contribuye a la evitación de conflictos entre religiones y culturas. En el contexto europeo, el diálogo del cristianismo con las otras dos religiones abrahámicas, el judaísmo y el islamismo, es, para la pacífica convivencia en la sociedad, de una importancia tan grande como el diálogo con la cultura secular moderna.

En el diálogo de las religiones importa que hagan su aportación al discurso social para configurar el futuro de una sociedad libre con rostro humano, en que el respeto a los derechos humanos y las normas de obligatoriedad general pongan a todas las personas en situación de modelar pacíficamente la vida comunitaria con respeto mutuo y tolerancia. Tal diálogo de las religiones solo es pertinente con una actitud de apertura y estima mutua, en la que es posible afirmar con convicción la identidad propia y a la vez comprender con tranquilidad las otras.

El diálogo interreligioso desde la perspectiva de la nueva evangelización no debe confundirse con un relativismo usual, en el que todo se tiene por igualmente válido y se deja de lado la identidad propia. En el diálogo importa el encuentro con el extraño, para entender con más hondura lo propio y para reconocer verazmente la riqueza de los otros. Solo los interlocutores que son conscientes de su identidad pueden descubrir lo bueno, verdadero y bello también en el otro, percibirlo como un enriquecimiento de la fe propia y ser realmente tolerantes frente a las convicciones de los otros.

Un diálogo auténtico no impone su discurso, sino que convence. Da razón de la esperanza que vive en nosotros y que nos sostiene (1 Pe 2,15). Por eso el diálogo no es un asunto meramente intelectual, sino una forma de vida, una búsqueda común de la verdad de la vida.

En este sentido, dialogar significa para los cristianos traspasar las fronteras hacia el otro y atestiguarle de palabra y obra, con respeto a su alteridad, el evangelio de Jesucristo. Mediante ese encuentro dialogal, las semillas de lo bueno en el corazón y el espíritu de los seres humanos pueden ser descubiertas, puestas de relieve y perfeccionadas, para gloria de Dios.

6. La nueva evangelización: ¡un afán del corazón!

Para los discípulos y discípulas misioneros, la nueva evangelización no es un afán más entre otros, sino *el* afán del corazón por excelencia, que marca y determina la vida cristiana entera y todas las actividades eclesiales. Ese afán proporciona una fuerza motivadora para el camino común de los fieles en nuestro tiempo y la decisiva fijación de objetivos para todos los procesos eclesiales. Con la evangelización la Iglesia continúa la misión del Hijo de Dios y, participando de su misión, somos enviados a invitar a todas las personas de buena voluntad a volverse a encontrar con Jesucristo, a acoger sus palabras como palabras de vida eterna y a aceptar su fuerza y su vida.

Realmente, como cristiano soy una misión: «La misión en el corazón del pueblo no es una parte de mi vida, o un adorno que me puedo quitar; no es un apéndice o un momento más de la existencia. Es algo que yo no puedo arrancar de mi ser si no quiero destruirme. Yo *soy una misión* en esta tierra, y para eso estoy en este mundo. Hay que reconocerse a sí mismo como marcado a fuego por esa misión de iluminar, bendecir, vivificar, levantar, sanar, liberar»[59]. Para todos los que han encontrado a Jesús, lo confiesan como Señor y Dios, lo entienden como su fuerza y su fuente de energía, lo aman y descubren y asumen su mensaje de redención como palabras de vida eterna, la nueva evangelización será *el* afán del corazón por excelencia.

---

59. EG 273; cf. G. AUGUSTIN, *Ich bin eine Mission: Schritte der Evangelisierung*, Ostfildern 2018 [trad. esp.: *Yo soy una misión: Pasos de la evangelización*, Sal Terrae, Santander 2018].

Alegato en favor de una salida misionera

Karl Wallner, OCist

1. Mis experiencias de fecundidad eclesial

Puesto que no soy especialista en teología pastoral ni en misionología, sino solamente me manejo un poco en el dogma de la Iglesia, solo puedo hablar de temas de misión desde mi horizonte de experiencia personal. Si comienzo bosquejando brevemente mi biografía, es con la única finalidad de legitimar las observaciones y los alegatos subjetivos que le siguen. Pienso que la teología académica, sobre todo la teología pastoral, tiene una importante función en el ámbito de la reflexión crítica. Para avanzar concreta y fructíferamente hacia el futuro, hemos de aprender de lo fáctico y de lo práctico, con preferencia de los «frutos», como Jesús enseña.

A partir de 1991 fui durante siete años párroco en una de las parroquias encomendadas a la abadía de Heiligenkreuz y al mismo tiempo encargado de pastoral juvenil del decanato. Cuando en 1998 fui llamado de vuelta al monasterio, el abad de entonces creó el nuevo servicio de «pastoralista juvenil del monasterio» y me lo encargó a mí. De 1998 a 2016 estuve en esa tarea, compartiendo también la responsabilidad de la pastoral vocacional, ciertamente con el apoyo de la comunidad entera, que siempre mostró una apertura empática a los jóvenes y a las nuevas vocaciones. En especial fui responsable en ese tiempo de la «Vigilia juvenil»[1], que congregaba cada mes entre 200 y 300 jóvenes de 15 a 28 años. En paralelo dirigí como decano desde 1997 la escuela superior, de la que fui rector desde 2007 al ser elevada a facultad de Derecho Pontificio. En 2016 fui nombrado director nacional de las Obras Misionales Pontificias [OMP] en Austria y pude dejar en manos más jóvenes todas las agendas pastorales en Heiligenkreuz. En 2019, después de veinte años, pude ceder también la dirección de la facultad. Además, doy clases de Teología Dogmática y Sacramental y me esfuerzo lo mismo que antes por poner al mayor número posible de jóvenes en contacto con el monasterio.

En estos últimos veinte años, la abadía de Heiligenkreuz, que lleva existiendo ininterrumpidamente desde 1133, ha experimentado un fuerte auge de vocaciones, pero también de irradiación pastoral. Desde 1982, cuando yo entré, hasta hoy hemos pasado de 42 a 100 monjes. En 2019 hemos celebrado siete profesiones solemnes, tres ordenaciones diaconales, cuatro presbiterales, dos tomas de hábito. Ya en 1988 fundamos un priorato en Bochum, que se ha convertido en un centro espiritual de la región del Ruhr, aunque ciertamente ha quedado afectado también por el decrecimiento de la Iglesia en la diócesis de Essen. En 2018 abrimos un priorato en Sri Lanka con monjes nativos. No queríamos «colonizar» en Asia; por eso procedimos de tal modo que formamos con nosotros a jóvenes de Sri Lanka que querían convertirse en monjes y sacerdotes. Luego tuvieron libertad para fundar en su tierra un monasterio de acuerdo con sus propias ideas. Este esquema se ha demostrado perfecto desde la perspectiva actual: hay numerosos interesados, puesto que «ser monje» goza de una gran reputación en Sri Lanka, ya solo por la impronta esencial del

---

1.   Konrad LUDWIG, Kilian MÜLLER y Karl WALLNER (eds.), *Jesus, berühre mich! Kurzgeschichten von der Jugendvigil im Stift Heiligenkreuz*, Heiligenkreuz 2016.

budismo. Finalmente, el año pasado hemos vuelto a fundar de nuevo un monasterio también en Europa. Como, debido a nuestro fuerte crecimiento, recibíamos en el ámbito de lengua alemana abundantes invitaciones para nuevas fundaciones o para repoblar monasterios en extinción, nos decidimos por Neuzelle, en Brandeburgo, donde queríamos aventurarnos a un auténtico proyecto misionero: allí solo está bautizado el 6%. La fundación oficial del priorato tuvo lugar en septiembre de 2018. Puesto que no podemos disponer como monjes del edificio barroco del cenobio, vamos a construir en un bosque próximo un establecimiento monástico completamente nuevo, desde el que se atienda también el movimiento de peregrinaciones en Neuzelle.

En la abundancia de vocaciones ha tenido parte esencial la escuela superior fundada en 1802. Desde 1999 hasta 2019 ha crecido de 32 a 614 estudiantes, de los cuales 178 son religiosos y seminaristas. La escuela se ha convertido en un campus universitario para jóvenes creyentes que quieren recibir formación teológica. Atrae también a muchos que están indecisos buscando su vocación. Fundamentalmente solo admitimos como universitarios y universitarias a personas que ya están en el seminario o en la vida consagrada o que están dando vueltas a su vocación. Esta «especialización» es nuestro carisma. Y de este modo tampoco hacemos competencia alguna a las demás facultades y escuelas superiores de Austria, que ofrecen múltiples líneas y programas de estudio más allá de la teología académica.

En 2016, a propuesta de la Conferencia Episcopal Austríaca, fui nombrado por la Santa Sede director nacional de las Obras Misionales Pontificias. Para comprender las tareas y el carisma de la «Missio Austria», como nos denominamos para abreviar, es útil conocer su origen histórico. La nueva eclosión misional de la Iglesia en el siglo XIX partió en gran medida de Francia. Surgieron entonces cuatro obras misionales regionales con diversos enfoques (la propagación de la fe en sí, los niños, los sacerdotes, la formación misionera), que en 1922 fueron unificadas en las Obras Misionales Pontificias [OMP] y están puestas bajo la responsabilidad inmediata del papa[2].

Nuestro carisma, que sigue siendo válido hoy, fue esencialmente acuñado por la joven francesa Pauline Marie Jaricot (1799-1862), que en 1822 fundó en Lyon la Société pour la Propagation de la Foi, la asociación Obra para la Propagación de la Fe. Sus miembros se obligaban a orar con regularidad y a una cuota semanal. Con la fundación de su sociedad misionera, Pauline Jaricot, que pronto va a ser beatificada, creó un instrumento de «democratización», de participación en la

---

2.   De ahí su denominación en plural. Las Obras Misionales Pontificias se remontan a la Obra para la Propagación de la Fe (POPF), fundada el 3 de mayo de 1822 por la sierva de Dios Pauline Jaricot. Cien años más tarde, el 3 de mayo de 1922, Pío XI la elevó, junto con otras tres obras regionales, a la categoría de Obras Misionales Pontificias y las puso bajo el mando de la Congregación para la Evangelización de los Pueblos (entonces Congregatio de Propaganda Fide, fundada el 6.01.1622). Con ello se pretendía superar los impedimentos de política nacional y las exclusividades regionales y así fecundar la *missio ad gentes* en el sentido de la encíclica misionera *Maximum illud* del papa Benedicto XV (1919).

   Las cuatro obras reunidas en las Obras Misionales Pontificias son hoy:

   1.   La Obra Pontificia de la Propagación de la Fe (POPF: Pontificalia Opera Missionalia a Fidei Propagatione). Su tarea es la promoción de la misión en general.
   2.   La Obra Pontificia de San Pedro Apóstol (POSPA: Pontificia Opera Missionalia a Sancto Petro). Su tarea es el fomento de los sacerdotes y de la formación sacerdotal.
   3.   La Obra Pontificia de la Infancia Misionera (POSI: Pontificia Opera Missionalia a Sancta Infantia). Tiene como tarea la transmisión de la fe y la formación de niños.
   4.   La Pontificia Unión Misional (PUM: Pontificia Unione Missionaria), para la formación misionera del clero y de los agentes de pastoral.

misión de la Iglesia. Mientras que en el siglo XVI eran los reyes y príncipes quienes promovían la misión en los continentes recién descubiertos, mezclada con el tema pecaminoso de la colonización, ahora, según Pauline Jaricot, todo católico habría de tomar parte en la misión mundial. Con el «rosario viviente» incentivó a más de dos millones de franceses a rezar cada día un misterio del rosario por uno de los cinco continentes. La misión se convirtió así en un empeño espiritual y caritativo común de todos los fieles.

La obra de Pauline Jaricot, que en 1922, junto con otras tres obras regionales, fue elevada por el papa Pío XI a obra pontificia por el *motu proprio Romanorum Pontificum*, está representada hoy a escala mundial en 130 países de todos los continentes, contribuyendo al fomento espiritual y material de la misión. El papa nombra para cada país un «director nacional» por un máximo de diez años, para así hacerse presente con su «cuidado misionero de Pastor» en todos los países.

Como director nacional de la Missio Austria desde 2016, he podido saber «en vivo» y «en concreto» sobre la Iglesia mundial cosas que antes solo conocía por libros, películas o informes: la Iglesia está viva y floreciente a escala mundial, afrontando, desde luego, múltiples dificultades, que van desde la pobreza, la injusticia social, la opresión política, la inmadurez espiritual y las carencias estructurales y de competencia organizativa hasta la persecución brutal. Diez viajes a países de África, Asia y Latinoamérica sobre proyectos que he emprendido me han abierto también los ojos. Ciertamente, noto asimismo un gran desinterés por la misión mundial, también en las parroquias. Una razón es también que uno mismo está muy fuertemente anclado en los problemas propios. En cuanto a la capacidad financiera, la Missio Austria es hoy la novena organización en recogida de donaciones; en 1994 estábamos aún en el cuarto lugar.

Para tener información sobre la Iglesia mundial, me han servido de mucha ayuda los dos libros, concisos y bien documentados, del periodista norteamericano John L. Allen[3]: en *The Future Church*, Allen analiza en diez tesis las tendencias de la Iglesia mundial. El autor abre un amplio horizonte no europeo y proporciona a menudo perspectivas sorprendentes. El libro es recomendable también por contener «profecías», que entretanto se han cumplido, como la elección de un papa del «tercer mundo», que en la ficción John Allen espera para el año 2030 y que, sin embargo, se ha hecho realidad ya en 2013 con el papa Francisco, mostrando el incremento de la importancia de las Iglesias jóvenes. John Allen pronostica asimismo un sínodo sobre la situación de la Iglesia en la cuenca amazónica y tuvo lugar en 2019. El segundo libro de John Allen es aún más actual, pues describe e interpreta la rápida fanatización del islam en muchas regiones de la tierra: *The Global War on Christians* (2014)[4]. También encuentro en él una correspondencia con la realidad, puesto que los de Missio Austria notamos ya de modo inmediato en las regiones donde se desarrollan nuestros proyectos las consecuencias del creciente islamismo.

En ambos libros hay abundante material estadístico. Las estadísticas hablan un lenguaje de esperanza que en Europa se suele percibir poco; por ejemplo, que la Iglesia, en sus 2 000 años de historia, nunca ha crecido con tanta fuerza como en los últimos 100 años. Solo en Europa se encoge. A comienzos del siglo XX había en el mundo, según la estadística del *Annuario Pontificio*, 266 millones de católicos;

---

3.   John L. ALLEN, *Das neue Gesicht der Kirche: Die Zukunft des Katholizismus*, trad. de Bernardin Schellenberger, Gütersloh 2010 (ed. original: *The Future Church*, 2009).
4.   John L. ALLEN, *Krieg gegen Christen*, trad. de Bernardin Schellenberger, Gütersloh 2014 (ed. original: *The Global War on Christians*, 2013).

ahora, al comenzar el siglo XXI, son 1 300 millones. Hemos aumentado, por tanto, en mil millones. Mientras que en 1926 –cuando Pío XI instauró la colecta universal de la Jornada Mundial de las Misiones– apenas había obispos nativos de África, Asia, Oceanía y Sudamérica, hoy la mayoría de los obispos y sacerdotes procede de esos cuatro continentes.

2. Sobre la situación de la Iglesia en Europa

Según mi impresión, Europa es la zona de crisis número uno de la Iglesia católica, pues aquí no funciona ya la transmisión de la fe. Para ello se da con seguridad toda una serie de causas externas, desde la Ilustración, pasando por la demografía, hasta la digitalización. Pero el problema principal reside para mí en que nos faltan el coraje y el gusto de transmitir la fe. En 1919, recién terminada la Primera Guerra Mundial, el papa de la paz, Benedicto XV, escribió una importante encíclica sobre la misión en el mundo. Comienza con las palabras *Maximum illud*. Con el adjetivo *máximo*, el papa se refiere al «mayor de todos» los encargos que Jesús hizo a sus discípulos. Es una alusión a Mc 16,15: «¡Id por todo el mundo proclamando la Buena Noticia a toda la humanidad!». Benedicto XV incluía entonces aún bajo el mandato misionero la marcha a los continentes de África, Asia, Oceanía y Latinoamérica.

Desde 2013, nuestra Iglesia está gobernada por vez primera por un papa que procede él mismo de un clásico país de misión y que desde el comienzo ha hecho hincapié en recordar que la Iglesia se ha de volver de nuevo misionera. Por esta razón y para celebrar el centenario de la encíclica *Maximum illud*, convocó en octubre de 2019 el «Mes Misionero Extraordinario». El papa Francisco quiere una Iglesia misionera. En esa línea encaja también que solo use raras veces el término *nueva evangelización* y prefiera –con libertad latinoamericana– hablar directamente de *misión*. El llamamiento del papa Francisco se dirige ante todo a nosotros, los católicos de Europa o de otras regiones cristianizadas hace mucho. Somos los que más necesitamos esa invitación a ser misioneros, pues hemos desarrollado la mentalidad de estar acostumbrados a ser católicos «automáticamente». Pero hace tiempo que ya no funciona la transmisión «automática» de la fe que empapa la cultura. Las personas jóvenes escogen hoy de manera muy individual y autónoma sus visiones del mundo y sus posturas religiosas. Y esta situación nueva se topa de lleno con una Iglesia que ha desaprendido en gran medida cómo ser misionera, dando pie a una agobiante situación de encogimiento.

La Iglesia de nuestros países, que por añadidura ha estado y está conmocionada por vergonzosos escándalos, va menguando rápidamente. Es patente la falta de niños y jóvenes en las celebraciones litúrgicas, el desinterés de tantas personas, incluso bautizadas, por la fe, y el tono de resignación, tan poco atrayente, entre los fieles que aún permanecen. Si en 1946 eran todavía católicos el 86,37 % de los austríacos, en 2016 eran ya solo el 58,88 %. La práctica oracional está de hecho extinguida: solo el 9 % de los jóvenes católicos oran. Si hace 25 años iban a la misa dominical 1,34 millones de personas, en 2016 eran ya solo 600 000. El número de bautizados que en Austria indican que fundamentalmente no van nunca a la iglesia ha ascendido del 21 % al 42 % de los católicos. Según las estadísticas de la Conferencia Episcopal Alemana, el número de participantes en el culto católico ha descendido en los últimos 50 años de 11 millones a solo 3 millones en la actualidad.

¿Y Austria? En Viena, la segunda «comunidad de fe» en número de miembros es la de los «salidos». Es cierto que –según una encuesta publicada en 2015– el 80 % quieren mantener Austria como «país cristiano». Pero ¿qué se quiere decir con ello? ¿Que sigan tocando las campanas de las iglesias? ¿Porque eso suena tan romántico como los cencerros de las vacas en los pastos alpinos? La investigación de Shell de 2015 sobre la juventud[5], elaborada por sociólogos con los pies en la tierra y no por sociólogos de la Iglesia, tentados con demasiada facilidad de ponerse gafas de cristales rosáceos, habla de «bautizados paganos» al analizar a los jóvenes alemanes. La imagen realista delineada por el estudio es sombría: solo el 35 % de los cristianos creen en un Dios personal[6], solo el 39 % consideran importante la fe para su camino vital. En correlación con ellos, entre los jóvenes musulmanes en Alemania son el 70 %. Pero lo que impresiona especialmente es que de los jóvenes católicos solo el 9 % reza con regularidad. Comparando de nuevo: entre los jóvenes musulmanes, el 80 % rezan al menos una vez por semana, y la mitad, todos los días.

Se corresponde con el escenario de futuro bosquejado en julio de 2017 por el estudio «Demografía y religión en Austria», realizado por un equipo de investigación dirigido por Anne Goujon. Según él, en 2046 ya solo seguirán siendo católicos el 45 % de los austríacos, en Viena incluso tan solo el 18 %. Pero estos números solamente son válidos para el caso más favorable, a saber, con una inmigración reducida. A la mengua de la parte católica de la población se contrapone en proporción inversa el fuerte incremento de los no confesionales y de los musulmanes, de modo que en 2046 uno de cada tres habitantes de Viena podría ser musulmán. Este escenario quiere decir nada más y nada menos que, en un tiempo previsible, Austria dejará de ser cristiana.

Cuando doy a conocer datos estadísticos sobre nuestra rápida disminución, me suelo encontrar consternación y crítica. Me contestan que no se debe pintar todo tan negro, que ya

---

5.   Thomas Gensicke, «Die Wertorientierung der Jugend (2002-2015)»,
      en Shell Deutschland Holding (ed.), *Jugend 2015: Eine pragmatische
      Generation im Aufbruch*, Frankfurt am Main 2015, 237-272, espec.
      254-260 («6.4. Religiosität und Kirche»).
6.   *Ibid.*, 254.

intervendrá Dios, que yo debería confiar más en Dios. Me acu-
san de pesimismo. Son reacciones sintomáticas de una mentalidad de autoanestesia, que, para escapar a la resignación,
incurre en un optimismo finalista dependiente del fatalismo de
la gracia o de cerrar los ojos a la realidad. Yo personalmente
no soy en absoluto pesimista, sino completamente optimista
por principio, porque creo en la gracia de Dios y ¡además la
vivencio en la realidad! ¡En mi monasterio de Heiligenkreuz
se dan milagros de gracia y de crecimiento! Se me ha concedido contribuir a que una pequeña escuela superior creciera
hasta ser la mayor institución de formación sacerdotal en
lengua alemana; a que un monasterio con 900 años de anti-
güedad se convirtiera en lugar vivo de pastoral juvenil, que
atrae mensualmente a orar a cientos de jóvenes. Por lo tanto,
no soy absolutamente nada pesimista respecto a la fe cristiana
en cuanto tal. Estoy convencido incluso de que el cristianismo
pudiera experimentar entre nosotros, en Europa, una nueva
eclosión.

   ¡Pero por el momento soy realista! Pues lo que dice la
mirada estadística a la situación de la Iglesia en Austria es:
si seguimos sin más haciendo lo mismo, en pocos decenios
–con baremos humanos– ya no habrá católicos. En efecto,
solo demográficamente, la población queda demediada a cada
generación. Por cada mujer hay en Austria solo 1,3 niños, en
lugar de los necesarios 2,1. Lo que ha salvado de hecho a la
Iglesia en Europa en los últimos años ha sido el incremento de
la esperanza de vida. Hasta en las familias «cristianas» hace
mucho que no funciona la transmisión de la fe. En muchos
corazones se da un distanciamiento emocional de la práctica
sacramental y creyente de la Iglesia.

   Por una vez tenemos que permitirnos dolernos: dolernos
de que, en nuestro país, Cristo es amado cada vez menos y de
que cada vez hay menos personas que conocen el Evangelio
y sacan fuerzas de él. Sentir dolor es el primer impulso para

buscarse un médico y someterse a una terapia. Abogo por que nos dejemos de lentes rosáceas, de resignación y frustración inconfesadas, y reconozcamos que está yendo mal. Fuera también toda forma de falsa nostalgia: ¡nunca volverá a ser como hace treinta, cuarenta años! Tengo que sacar a relucir también una situación de bloqueo, que sigue debilitándonos. El bloqueo lo veo sobre todo en que muchos católicos de buena intención están dominados por la idea de que hay un medio de curación universal, que solo hay que descubrir, y todo volverá a estar bien. Está el bloqueo del anhelo de una «poción mágica», a lo Astérix y Obélix, que de golpe nos vuelva de nuevo una Iglesia de masas fuerte, que pone su impronta en todo. Los tipos de poción mágica son muy diversos dependiendo del sector eclesiástico: los unos exigen con vehemencia la supresión del celibato y la instauración del presbiterado femenino; los otros quieren que todo vuelva a ser exactamente como antes, hasta las menores formas litúrgicas, y se ponen firmes rechazando el Concilio Vaticano II.

¿Por qué estamos mermando? No tanto en virtud de la demografía como porque ya no funciona el modo culturalmente garantizado de transmisión de la fe cristiana. Durante muchos siglos hemos confiado en que la fe se va reproduciendo sin más por sí misma, por «genética cultural». Por así decirlo, se era «automáticamente católico». Hoy está superclaro que esto ya no funciona. La gente busca por sí misma su propio esquema vital, de manera no convencional y autónoma. Son pocos los que optan por la fe cristiana porque no hacemos ninguna oferta positiva.

Démonos cuenta por una vez con realismo de que disminuimos dramáticamente. Y entonces ha de darse el paso siguiente: fuera la pasividad, adelante con la actividad misionera. Sin embargo, no hay una receta general, una poción mágica, que vuelva a dejarlo todo bien. Sí hay un medicamento, que el papa Francisco nos prescribe a los católicos de

Europa. Es un medicamento invisible, puesto que se trata de una actitud mental. El papa Francisco quiere que desarrollemos una mentalidad: una mentalidad de salir afuera, una mentalidad de dirigirse a los alejados, una mentalidad de poner en marcha nuevas ideas, para atestiguar y anunciar el evangelio a los seres humanos. En resumen: necesitamos una mentalidad misionera, que nos impulse desde dentro a comunicar de nuevo la belleza del evangelio a personas alejadas de la fe. Y si esa actitud interior funciona, se va a exteriorizar en iniciativas misioneras concretas, se volverá atractiva y «publicitaria». Pues «quien no se publicita muere», dice un acreditado lema de márquetin. Pienso estar en la línea del papa Francisco, según la cual la fe cristiana tiene que convertirse de nuevo entre nosotros en una oferta anunciada a la gente: a los que se han salido, a los tibios, a los jóvenes, a los ya-no-cristianos y a los aún-no-cristianos; a todos, en especial a quienes están en los márgenes de la sociedad.

3. Sobre el dinamismo de las Iglesias en los «países de misión»

El escenario de amenaza y contracción en Europa contrasta con el dinamismo de las antaño regiones de misión. Como ejemplo, traigo algunos números sobre la Iglesia en África, que actualmente experimenta el mayor crecimiento. Hace 110 años, solo el 1% de todos los católicos vivía en África; el 65%, en Europa. Entonces solo eran católicos dos millones de africanos. Hoy lo son más de 222 millones. La Iglesia experimenta un auge en algunos países, como por ejemplo Nigeria o Tanzania. En África hay ahora 52 829 sacerdotes, 71 567 religiosas, con tendencia creciente: hay 29 000 seminaristas; la mitad, por tanto, del número de sacerdotes. Hay numerosas vocaciones, pero la proporción sigue siendo como de un sacerdote por 5 000 fieles; en Austria son 1 700 fieles por sacerdote –desde luego, nuestros sacerdotes son mayores–. En África no hay discrepancia alguna entre una Iglesia «cultual» y una Iglesia «socialmente comprometida». La Iglesia sostiene en África 187 leproserías, 669 hogares para ancianos, 6 476 hospitales; además, 1 191 orfanatos, 21 801 guarderías y finalmente 53 221 escuelas con 23 millones de alumnos y alumnas. Por mis propias visitas a África puedo atestiguar que allí no me ha llamado la atención ninguna separación entre amor a Dios y al prójimo, entre culto a Dios y caridad concreta. De cualquier forma, la Iglesia católica se ha centuplicado en África en los últimos cien años. Hay una dinámica de crecimiento. La Iglesia es joven y le gusta la liturgia, la oración, la religiosidad manifestada también hacia fuera.

En las Iglesias de África, Asia, Latinoamérica y Oceanía hay esa mentalidad misionera. Las Iglesias son allí jóvenes y dinámicas. Aunque en los países de misión se dan dificultades –desde pobreza hasta opresión y persecución abierta–, la Iglesia crece allí con fuerza. El pasado año, el número de miembros de la Iglesia universal ascendió a 1 300 millones. Nosotros, en Austria, con cinco millones de católicos, somos como el 0,37 % de ellos. Pero tenemos la posibilidad de apoyar la dinámica de la Iglesia universal. En verdad, el tema de la mentalidad misionera no es marginal, pues se trata de la pregunta «¿estamos tan rebosantes de nuestra fe que queremos compartirla también con otros? ¿Queremos que la Iglesia lleve el amor de Dios a los corazones de todos los seres humanos?». Por eso el papa Francisco declaró el mes de octubre de 2019 «Mes Misionero Extraordinario», porque en el tema *misión* nos jugamos nuestro futuro: no solo el futuro de la Iglesia, sino el futuro de la humanidad.

Una mirada a la Iglesia mundial, joven, pobre, pero en fuerte crecimiento, es la mejor terapia contra el cansancio creyente y eclesial que a veces amenaza apresarnos en Europa.

Necesitamos la mirada realista a esta situación, sin permitir-nos escamotear las estadísticas. Cuando no se quiere admitir la realidad, surge la ideología. Las realidades ocultadas producen siempre frustración y en algún momento se da un amargo despertar. La denegación de la realidad y la actitud pasiva ante la crisis de la Iglesia en el ámbito de lengua alemana llevó en 2018 a la idea de un *Manifiesto de la misión*, en el que participé directamente.

4. El *Manifiesto de la misión* de 2018

La idea del *Manifiesto de la misión* (*Mission Manifest*) procede del iniciador del *Youcat* [abreviatura de *YouthCatechism*; un catecismo para jóvenes], Bernhard Meuser, que invitó a un encuentro en la Gebetshaus [Casa de oración] de Augsburgo el 14 de junio de 2017. Los seis autores e iniciadores[7] formularon a continuación diez tesis para la renovación misionera de la Iglesia católica en Europa. Ya en el proceso de elaboración del *Manifiesto de la misión* surgió la idea de editar un libro en el que diez autores comentarían las diez tesis y que habría de ser publicado en la editorial Herder[8]. Para proporcionar al

---

7. Bernhard Meuser, autor e iniciador del *Youcat*; el Dr. Johannes Hartl, teólogo, catequista y director de la Gebetshaus de Augsburgo; el Prof. P. Dr. Karl Wallner, profesor de Teología en Heiligenkreuz y director nacional de las OMP en Austria; Martin Iten, de Suiza, con actividad en el ámbito de la Conferencia Episcopal Suiza; el Dr. Paul Metzlaff, teólogo, miembro de la Comisión de Pastoral Juvenil de la Conferencia Episcopal Alemana; Benedikt Michal, gerente del órgano de coordinación JAKOB, institución de la Conferencia Episcopal Austríaca para la pastoral juvenil.

8. Bernhard MEUSER, Johannes HARTL y Karl WALLNER (eds.), *Mission Manifest: Die Thesen für das Comback der Kirche*, Herder, Freiburg-Basel-Wien 2018. Los comentarios son deliberadamente muy poco homogéneos. Fueron encargados a autores y autoras que han tenido éxito en la actividad misionera: Bernhard Meuser, Johannes Hartl,

Manifiesto de la misión un lanzamiento vigoroso con amplia repercusión, las diez tesis fueron presentadas el 5 de enero de 2018 en el marco de la Conferencia MEHR [Más] en Augsburgo. El mismo día publicó Herder el libro. Representantes de más de ochenta comunidades que respaldaban el *Manifiesto de la misión* subieron al escenario para la presentación. Se trata de un mensaje lanzado en el interior de la Iglesia católica. En la Conferencia MEHR, los cristianos presentes, en su mayoría no católicos, rezaron por el *Manifiesto de la misión*. Entre los primeros firmantes están el arzobispo de Colonia, cardenal Rainer Maria Woelki; el obispo de Passau, Stefan Oster; el obispo austríaco responsable de juventud, Stephan Turnovszky, y los dos obispos suizos responsables de juventud, Marian Eleganti y Alain de Raemy.

Las diez tesis son breves. Y fragmentarias. Son una resonante fanfarria y no una sinfonía de Bruckner. En los últimos años la Iglesia ha publicado a montones textos largos y teológicamente ponderados sobre la misión. Queríamos agitar; de ahí también la forma levemente provocativa de un manifiesto. Johannes Hartl ha estado abogando siempre por que el título se pronunciase en inglés, ya que el inglés *mission* tiene un significado mucho más amplio, dilatado y positivo que el alemán *Mission*. El *Manifiesto de la misión* es un manifiesto, un llamamiento. Pretende incentivar. El enunciado de las diez tesis, a cada una de las cuales sigue después una breve explicación, reza así:

Tesis 1:   Estamos movidos por el anhelo de que la gente se convierta a Jesucristo.

Tesis 2:   Queremos que la misión se convierta en la prioridad número uno.

Karl Wallner, Hans Buob, Katharina Fassler, Martin Iten, Sophia Kuby, Marie-Sophie Maasburg, Maximilian Oettinger, Michael Prüller y Markus Wittal.

Tesis 3:   Creemos que nunca hubo mayores oportunidades que ahora.

Tesis 4:   Interpelamos a todas las personas de nuestros países, sin hacer diferencia alguna.

Tesis 5:   Creemos que nuestra misión va a ser tan vigorosa como lo son nuestras oraciones.

Tesis 6:   Damos las gracias a todos los cristianos de fuera de la Iglesia católica que ya hoy se entregan a la misión, bautizan y llevan gente a Jesús.

Tesis 7:   Tenemos que redescubrir de nuevo los contenidos de la fe.

Tesis 8:   Queremos misionar, no indoctrinar.

Tesis 9:   Necesitamos una «democratización» de la misión.

Tesis 10:   Nosotros mismos hemos de convertirnos a la alegría del evangelio para poder llevar a otros a Jesús.

Nuestra iniciativa parte del supuesto de que una eclosión misionera en la Iglesia católica no puede venir mandada por la jerarquía, sino que han de llevarla adelante los miembros mismos de la Iglesia. El *Manifiesto de la misión* no se entiende como una nueva comunidad específica, y menos como una asociación, sino que quiere hacer converger las iniciativas y comunidades espirituales ya existentes, ponerlas en red y darles impulso. El *Manifiesto de la misión* tendría que ser una fanfarria que despierte del sueño de la pasividad a la Iglesia del ámbito germano. Nuestro afán fue que una sacudida recorra la Iglesia. Como director nacional de las OMP, en nuestras asambleas generales en Roma he tenido ocasión de conocer la mentalidad de los otros 130 directores nacionales —cada país tiene su director nacional (salvo Alemania, que por razones históricas tiene dos)—: una mentalidad misionera, que con grandes ideales pretende el crecimiento de la Iglesia y la difusión de la fe. Siempre he entendido el *Manifiesto de la misión* como un llamamiento a corregir nuestra cómoda mentalidad europea y a ponerla en sintonía con la mentalidad del papa Francisco. Entiendo el *Manifiesto de la misión* como una respuesta a lo que desde el Vaticano II han reclamado todos los papas: ¡nueva evangelización (o misión)! De un misionero de las Iglesias libres procede este sucinto dicho: «The Church must send or the church will end». La pensadora católica Madeleine Delbrêl lo dijo con similar concisión: «¡Si no hacemos misión, debemos presentar la dimisión!».

La Iglesia es misionera por su naturaleza, dice una de las expresiones cumbre del Concilio Vaticano II[9]. Una Iglesia no misionera, en consecuencia, sería una Iglesia antinatural, destinada a pudrirse. Pero el llamamiento más dramático a la misión interior procede de Francisco, el papa actual. Su escrito inaugural *Evangelii gaudium* (2013) es insuperable como programa estimulante, como cuando escribe: «No ignoro que hoy los documentos no despiertan el mismo interés que en otras épocas, y son rápidamente olvidados. No obstante, destaco que lo que trataré de expresar aquí tiene un sentido programático y consecuencias importantes. Espero que todas las comunidades procuren poner los medios necesarios para avanzar en el camino de una conversión pastoral y misionera, que no puede dejar las cosas como están. Ya no nos sirve una "simple administración". Constituyámonos en todas las regiones de la tierra en un "estado permanente de misión"»[10]. No se trata aquí de notas marginales, sino de un claro programa. Y ¿qué sucede? ¿Qué hacemos?

En el sitio web del *Manifiesto de la misión* (www.mission-manifest.online) han consignado hasta ahora su compromiso, registrando su nombre, más de 4 000 cristianos católicos. El *Manifiesto de la misión* nunca se pensó como una acción de

---

9. CONCILIO VATICANO II, *Ad gentes* 2.
10. FRANCISCO, *Evangelii gaudium* 25.

recogida de firmas. Recogidas de firmas, incluso «referendos eclesiales», tenemos ya en abundancia en Austria. Son acciones de creación de opinión en una u otra dirección, sin repercusión posterior. Las diez tesis fueron formuladas siempre como «llamadas a la acción» de cara al futuro de la Iglesia. El *Manifiesto de la misión* invita a las cristianas y cristianos católicos a comprometerse en una acción misionera. Siempre con el toque de querer hacer actuar a «los otros», a «los de arriba». El *Manifiesto de la misión* no es una recogida de firmas, sino un llamamiento. En la página de inicio puede uno «comprometerse», esto es, «obligarse» voluntariamente. Y, además, a una actividad misionera concreta, que puede abarcar desde la fundación de un grupo de Biblia o de oración hasta el apostolado de calle. Lo que importa es volverse activo. Al mismo tiempo, Bernhard Meuser, del que procede la idea del compromiso, perseguía otro propósito: miles de iniciativas e ideas «misioneras» han quedado consignadas en *posts* en la página de inicio. Y así, pueden repercutir como «buenas prácticas», fecundar, ser copiadas.

5. Lo que podemos aprender de la misión mundial para la misión interior

Como director nacional de las OMP, se me planteó el interrogante de si el *Manifiesto de la misión* encaja con nuestras tareas, puesto que tradicionalmente hemos apoyado, sobre todo con oración y donativos, las diócesis misionales pobres de África, Asia y Latinoamérica. A través de un proceso de reflexión, sin embargo, reformulamos en la Missio Austria nuestras cinco tareas principales[11] y definimos como quinta

---

11.   Reformulación de las tareas de Missio Austria a partir de 2017: 1.ª Fortalecemos a la Iglesia mundial en crecimiento; 2.ª Salvamos a los más pobres del sitio; 3.ª Damos ayuda a los niños de cara al futuro;

y última «Nuestra propia actuación es misionera». Este posicionamiento fue acogido de forma sumamente favorable por nuestra dirección en Roma, y en concreto por nuestro presidente, el arzobispo Giampietro dal Toso. El papa Francisco mismo alentó en 2017 una reforma de las OMP, porque ya hace tiempo que la concepción territorial de la misión mundial como mera preocupación por los países pobres del Sur con sus jóvenes Iglesias no se ajusta a la realidad. La Iglesia sufre una fuerte disminución en los antiguos países cristianos no solo por razones demográficas, sino también porque no hay un ímpetu misionero[12].

Partiendo de mis experiencias hasta el momento en África, Asia y Latinoamérica, quisiera poner de relieve cuatro áreas en las que sin duda deberíamos aprender de las Iglesias de los «países de misión».

5.1. *Necesitamos la voluntad de hacer misión interior*

Para mí fue una sorpresa mi nombramiento como director nacional de las OMP en 2016, que me inspiró la pregunta «¿por qué precisamente yo?», dado que yo conocía las OMP sobre todo como una organización que recoge donativos para las Igle-

---

4.ª Nos preocupamos por los sacerdotes del mañana; 5.ª Nuestra propia actuación es misionera.

12. El *Manifiesto de la misión* encaja en Missio Austria asimismo porque nosotros, en cuanto obra asistencial eclesial, nos encaminamos también a un final seguro si el cristianismo muere en Europa. Un ejemplo: si el monto total de las colectas celebradas en Europa para la Jornada Mundial de las Misiones, llevada a cabo en todas las iglesias católicas del mundo el penúltimo domingo de octubre, ascendió en 2008 todavía a 63 millones de euros, en 2017 fue ya solo de 40 millones. Lo cual supone un retroceso del 33% en solo diez años. En el mismo intervalo de tiempo, las colectas en África y Asia aumentaron fuertemente, lo cual, sin embargo, apenas repercute en las cantidades absolutas. En África, por ejemplo, la colecta se incrementó en un 140%, pasando de 730 000 euros a 1,8 millones.

sias jóvenes y pobres. Por eso, mi primer encuentro con el papa Francisco en este puesto fue una experiencia asombrosa, que todavía me pone la carne de gallina al pensar de nuevo en ella. Pues ese inolvidable 4 de junio de 2016 el papa nos dijo a los directores nacionales de «sus» Obras, más o menos: «Empezad primero por la oración. No sois una mera ONG. Lo más importante no es la organización, sino la pasión [*passione*]. Vuestra tarea principal no es la recogida de donativos, sino que debéis poner a la Iglesia entera en una onda de ardor misionero». Tuve entonces esta sensación: «Padre Karl, ¡Pedro te está hablando a ti! Pedro te está diciendo personalmente por qué tienes que hacer este trabajo». Por tanto, lo que importa de la misión no es meramente recaudar donativos para las Iglesias jóvenes y pobres de las llamadas «diócesis de misión», sino promover la labor misionera en nuestros propios países. Lo cual tiene mucho sentido, porque es propiamente el problema mayor, mucho más dramático que los problemas de pobreza de África, Asia, Latinoamérica y Oceanía. En mis primeras visitas a Senegal, a Haití, a Kenia –donde, por cierto, Missio Austria construye al borde de la reserva Masái Mara (Serengueti) una misión básica con un establecimiento escolar entre los masáis– me di cuenta enseguida de que en esos países no se da una falta de fe. ¡Al contrario! De un obispo como Joseph Decoste, en una de las diócesis más pobres de Haití, bien se puede aprender a creer: cada día a las 5:30 horas se arrodilla en el suelo de su residencia episcopal, destruida por el huracán, para rezar la corona de la Misericordia con sus sacerdotes y los colaboradores de la casa y luego celebrar la santa misa. En Senegal y en Kenia he vivido misas parroquiales, donde ya solo por el canto, la danza y también la duración se expresa el amor de Dios de una forma que aquí tan solo se encuentra en grandes actos carismáticos. Hace mucho que los «países de misión» se han convertido en modelos de transmisión misionera de la fe. ¡Somos nosotros, en Europa, los que necesitamos misión urgentemente!

Y, sin embargo, nuestra mentalidad insiste aún en el error de pensar que la fe se transmite cuasiautomáticamente por impregnación ambiental. ¡No! Hace tiempo que los ambientes se han secado y no son fértiles para el futuro de la fe. ¡El mero aprecio de tradiciones cristianas queridas, como «una hermosa boda» o «una bonita celebración de primera comunión», no produce cristianos creyentes! Por eso necesitamos un anuncio misionero de la fe en Cristo, es decir, que sea activo, propagandístico, dirigido a la gente. Lo cual no significa que tengamos que demoler las tradiciones queridas para llegar a un cristianismo de fe auténtica. Pero nos hemos de dar cuenta de que no promueven actitudes cristianas, sino, a lo sumo, cristianerías. El entusiasmo por una hermosa procesión rural de Corpus Christi, que se puede deducir de la cantidad de fotógrafos que acuden, no llega a ser expresión de una auténtica devoción al Señor eucarístico verdaderamente presente, sino el aprecio de la estética de lo que se percibe como una forma cultural del cristianismo. De cualquier modo, ese aprecio da a los evangelizadores una oportunidad para remitir de la forma a la sustancia, de la tradición externa al contenido interno. Si en algún momento queda interrumpida por completo la tradición y enteramente exculturada la fe, entonces el anuncio de la fe va a volverse aún más difícil. En todo caso, basta ya de la errada opinión de que el cristianismo se sigue heredando a base de preservar la tradición. Ya en 2011 describió el papa Benedicto XVI, en su carta apostólica *Porta fidei*, el fenómeno que se suele denominar «secularización». Es simplemente un hecho que por diversos motivos la fe cristiana no es en nuestros países aquel «tejido cultural unitario» en que los contenidos de la fe eran conocidos y venían a representar como un sistema de referencia para el pensamiento y los valores de la gente[13]. ¿Tenemos suficientemente asimilado que en

---

13.   BENEDICTO XVI, *Porta fidei* 2.

la transmisión de la fe debemos ser «misioneros», es decir, publicitarios y con voluntad de éxito? ¿Que no funciona de manera automática, porque muchas otras ofertas de sentido (o de sinsentido) resultan más atractivas? ¿Nos hemos dado cuenta de que es un lujo promover la inculturación de la fe en otras culturas mientras en la nuestra está cada vez más exculturada?

5.2. *Necesitamos priorizar pastoralmente la misión*

La segunda tesis del *Manifiesto de la misión* me ha tocado particularmente: «Tesis 2: Queremos que la misión se convierta en la prioridad número uno». Cuando el Concilio Vaticano II (1962-1965), tan centrado en la cuestión «¿Qué somos como Iglesia?», emplea la formulación cumbre «La Iglesia es misionera por su naturaleza», está dando en el clavo. Solo hay Iglesia para que haya misión, transmisión de la fe. Y esto es tarea de cada nueva generación. Y especialmente en esta época, en que la transmisión de la fe –al menos en nuestros países occidentales– es difícil y a menudo se interrumpe. La segunda tesis reclama dar prioridad a la misión en todos los ámbitos eclesiales que aún subsisten. No es más radical que las demandas que el papa Francisco plantea sin cesar cuando, como en la *Evangelii gaudium*, exige consecuencias concretas para constituir a la Iglesia en un estado permanente de misión[14].

Por eso me gustaría dar a este respecto unas anotaciones muy personales y prácticas, porque en último término el hecho de que hasta ahora no haya sucedido nada, y menos aún con éxito, no reside en la doctrina, sino en su traducción a la práctica. Pero no partimos de cero, sino que muchos obispos, órdenes religiosas y comunidades se han identificado completamente desde hace años con el propósito que el papa Francisco

---

14.   FRANCISCO, *Evangelii gaudium* 25.

sabe formular con tanta fuerza. Mucho se está moviendo ya. Por eso me alegra que en la archidiócesis de Viena, en la que se halla mi monasterio de Heiligenkreuz, esté ya en marcha desde hace años un proceso diocesano con el lema *Primero, la misión*. Cuando yo entré en 1982 en el monasterio cisterciense de Heiligenkreuz, en los bosques de Viena, me fascinó profundamente el canto solemne del coro, el espíritu de la liturgia: el Vaticano II, pero auténtico. En el centro estaba, y sigue estando siempre, la oración, así como la unión con la Iglesia, llámese el papa Juan Pablo II, Benedicto XVI o Francisco. Y como resultante, la unión mutua. La consecuencia fue que mi comunidad monástica se ha ido desarrollando cada vez más como un «centro misionero» monacal. Apostolado por medio de la oración, que atrae a las personas.

Yo creo que no existe *la* poción mágica única de cara al futuro de la Iglesia. No hay un botón que pulsar para «solucionar todos los problemas y volver a dejarlo todo bien». Por eso, deberíamos despedirnos lo más pronto posible de los llamamientos a soluciones monocausales, pues bloquean nuestra visión de la realidad y nuestra dinámica orientada a una nueva eclosión. Necesitamos una mentalidad misionera y necesitamos abordar muchas medidas misioneras para que la Iglesia vuelva a alcanzar, joven y pneumática, a todos los seres humanos y cumpla su mandato salvífico universal. Pero todo éxito comienza por una opción de voluntad. Tenemos que querer de nuevo lo que Dios quiere. Y la voluntad de Dios es esta: «Dios quiere que todos los hombres se salven y lleguen a conocer la verdad» (1 Tim 2,4). Si Dios se refiere realmente a «todos», tenemos que darnos cuenta como Iglesia de que solo existimos porque Cristo quiso darse un instrumento para alcanzar a todos. Ese instrumento es la Iglesia, somos nosotros. En la *Lumen gentium* (nro. 1), el Vaticano II llama a la Iglesia *sacramentum mundi*, sacramento para la salvación del mundo. Santo Tomás definió *sacramento* como una «causa instrumental» que comunica la gracia de Dios. La Iglesia, por tanto, es instrumento de la voluntad salvífica de Dios. A la Iglesia le debe importar de nuevo la salvación de todos, el anuncio a todos, el acceso misionero a todos: a los todavía cristianos tibios, a los ya-no-cristianos alejados, a los no cristianos que buscan de tantas formas.

5.3. *Necesitamos coraje; también el coraje de plagiar*

El papa Francisco proviene de un país lejano, con una mentalidad meridional. Allí se tratan mutuamente con más libertad, menos encorsetados, se tiene el «coraje» para llevar la fe al ámbito público, al mundo de hoy. Esto es lo que el papa nos propone como ejemplo, lo que desearía también de nosotros. Él se dirige a todos y especialmente a las personas de los márgenes sociales. Visita familias obreras en Roma, invita a comer a los sin techo, da prioridad en sus viajes pastorales a países donde los cristianos suelen estar al margen y constituyen una minoría. Del papa Francisco deberíamos aprender a tener coraje, también el coraje de la originalidad y la creatividad.

Deberíamos también tener el coraje de imitar buenas ideas, de copiarlas. En mi aportación al libro sobre el *Manifiesto de la misión*, que, lamentablemente, recibió de la editorial Herder el desgraciado subtítulo *Tesis para el retorno de la Iglesia católica*, redacté una sección con el título «Plagiar es un deber»[15].

Quisiera abogar en concreto por la copia de ideas buenas. En la abadía de Heiligenkreuz los monjes comenzamos en 1997 con una oración mensual para jóvenes. La «Vigilia de la juventud» se ha convertido entretanto realmente en un pequeño acto juvenil mensual el primer viernes de mes. En él se mezclan alabanzas carismáticas y coros gregorianos, ado-

---

15. Karl WALLNER, «Wir wollen, dass Mission Priorität Nummer eins wird», *op. cit.* (n. 9), 69-98.

ración eucarística y rosario. Cada mes vienen de 250 a 300 jóvenes, se llena de plegarias, alegría, eclosión de la fe. Por entonces yo viajaba como pastoralista juvenil y me inspiraba en iniciativas de otras vigilias de jóvenes. Me impresionó el *Welcome-Service* de los Lorettos en Salzburgo: en la entrada misma a la sala de oración, recibías el saludo de unos cuantos jóvenes agradables y apuestos; en concreto, te sonreían, te hablaban y luego te decían el mejor sitio para tomar asiento. Nosotros lo adaptamos luego en Heiligenkreuz: hay monjes que saludan a los jóvenes ya en el aparcamiento, pues en general llegan a nosotros, en los bosques de Viena, con coches o minibuses; los abordan con alegría y les muestran con sencillez que se alegran de su venida. Junto a la entrada a la iglesia hay de nuevo gente que da la bienvenida: son jóvenes que entregan el texto de los cantos y las velas para la procesión de cirios. Así los jóvenes ya no entran en la iglesia como extraños, sino como amigos... Para llegar a priorizar la misión, nos tenemos que fijar en los «oasis», de los que tantos hay ya. Debemos observar de cerca por qué ahí el agua burbujea desde lo profundo y, además, no tener ningún miedo a imitar algo, a copiarlo o al menos adaptarlo. En lo concerniente a iniciativas misioneras exitosas, el plagio de actividades fructíferas no es ningún pecado, sino un deber.

5.4. *Necesitamos puntos neurálgicos de experiencia de Dios*

Necesitamos lugares con fuerte irradiación espiritual. Parto aquí de la experiencia que hacemos en Heiligenkreuz. ¡La gente busca puntos neurálgicos de experiencia creyente! Los monasterios son lugares con una doble «irradiación» positiva: la primera es la irradiación «sobrenatural», la irradiación que procede de la gracia de Dios. Como teólogo, me preocupa un poco lo rápido que se difumina la fe cristiana. Sobre todo, cuánto han desaprendido las personas a vincularse con Dios mediante la oración y la contemplación. Pero, desde luego, somos seres dotados de un alma de dimensión eterna. Lo cual significa que llevamos dentro una especie de vacío que nada puede llenar. Una vulgar actitud materialista ante la vida, por tanto, puede desde luego crear seres humanos satisfechos y felices, pero solo a corto plazo y de modo pasajero. Si falta el horizonte amplio, en los oscuros abismos del corazón acechan la gran frustración y el desolado vacío. Uno puede rellenar ese vacío del alma, solo brevemente, con la «pequeña» dicha, con la «pequeña» diversión, con el «pequeño» placer; después se le abre a menudo un abismo aún más profundo de la nada. Los seres humanos lo notan hoy instintivamente. Según mi valoración, lamentablemente la Iglesia se ha desprendido demasiado de su competencia nuclear de vincular a los hombres con Dios. Durante siglos fue su fortaleza, lo propio suyo: por medio de la oración, de los sacramentos, del anuncio de la fe, posibilitar a los hombres una relación interior con el Dios infinito. Con el Dios, por tanto, que es la «fuente de la vida», la «plenitud de la fuerza». Tenemos que reconquistar a toda costa esa concentración en lo divino para ganar de nuevo terreno en el «mercado de las espiritualidades y de las religiones» que se ha desplegado en torno nuestro.

Hay una segunda irradiación. Esta es la irradiación que nos esforzamos por conseguir nosotros mismos, los monjes. Nunca pretendemos escondernos; sería demás anticristiano y antieclesial, puesto que no somos una liga secreta, sino una comunidad dentro de la Iglesia, que ora y trabaja por los seres humanos. Es conmovedor ver cómo ya en tiempos pasados nuestros predecesores hacían todo lo posible por mostrar hacia fuera con los medios de entonces la belleza de la vida monástica. Redactaron folletos, imprimieron libritos, y por fin a partir de los años 60 surgieron las primeras películas que hicieron realizar. Y luego, gracias a Dios, ¡llegó internet!

La posibilidad de poder presentarse en internet que tienen los centros de espiritualidad, las comunidades, las casas de oración, es una bendición. Puede uno mostrarse tal como es. Puede realmente «dar la propia vida», como escribe Pablo (1 Tes 2,8), para mostrar a la gente que no solo no tiene nada que ocultar, sino que está abierto a ella. Que respeta que se puedan interesar por una vida tan fuera de lo ordinario. De hecho, todo el que viene a hospedarse ha navegado intensamente por la página de inicio antes de su visita. Muchos de los compañeros jóvenes cuentan que, cuando empezaron a sentir su vocación por Heiligenkreuz, entraban una y otra vez en la página de inicio, afectados por una especie de nostalgia que los reafirmó en su decisión. Completos desconocidos de todas partes del mundo piden oraciones porque se han topado con nosotros a través de internet. Profesionales de los medios de Hamburgo me cuentan que a diario revisan si hay novedades en Heiligenkreuz. Y frecuentemente a la visita virtual sigue la real.

Yo pienso que necesitamos centros «estables». Dan testimonio hacia fuera de algo que, si no, perderíamos. Pero veo que esto no se limita a nuestros viejos monasterios; los monasterios solos no pueden realizar la nueva evangelización. Pienso que está surgiendo un nuevo tipo de lugares de estabilidad espiritual, y que los necesitamos urgentemente. El doctor Johannes Hartl, padre de familia, ha recurrido a esa intuición en Augsburgo, ante la desconfianza de muchos. La Gebetshaus de Augsburgo está en pleno auge, ofrece formaciones concretas, procesos experienciales y de aprendizaje para jóvenes en busca de fe, que nosotros en Heiligenkreuz nunca podríamos ofrecer. También en los movimientos de espiritualidad, que hasta ahora se han definido sobre todo a través de actos tales como los Prayerfestivals de Juventud 2000 y los encuentros de Pentecostés del movimiento Loretto, veo una tendencia a la «localización». ¡Y está bien! En medio de la caótica disolución de los valores, del descenso del nivel del agua de lo cristiano en nuestra sociedad, se tiene que llegar a formar oasis, «oasis de la energía creyente», que vivan de la oración y constituyan depósitos de agua para las personas sedientas de sentido de nuestro tiempo. En la medida en que nuestras parroquias se resecan, hemos de hacer todo lo posible para potenciar tales puntos neurálgicos de la fe, pues precisamente los jóvenes necesitan lugares a los que «puedan ir *online*»; y necesitan experiencias de cómo se vive con Dios.

5.5.   *Necesitamos una misión* ad gentes *concreta*

La tarea de las OMP es promover la misión *ad gentes*, es decir, entre los no bautizados, a diferencia de la «nueva evangelización», referida a los ya bautizados que se han vuelto tibios o alejados. Las huidas y migraciones a Europa de muchas personas procedentes de países musulmanes han provocado en los últimos años fuertes desplazamientos demográficos en cuanto a la pertenencia religiosa, que en los próximos años todavía se incrementarán. Ya solo porque los conciudadanos musulmanes son de ordinario más amigos de tener hijos. De repente, no solo están viviendo junto a nosotros no cristianos sueltos, sino que pronto van a estar en mayoría. Estamos muy mal preparados para ello, como ya se ha mostrado en que solo ha habido estructuras de catecumenado deficientes para quienes se han interesado por la fe cristiana. Para una misión *ad gentes* en la puerta de casa, en el propio atrio de la parroquia, no estábamos preparados. Entretanto se ha mejorado mucho, pero hay cosas que siguen siendo rudimentarias.

Yo mismo he hecho la experiencia de que jóvenes persas de ambos sexos sienten un gran anhelo por la fe cristiana y se interesan por las catequesis cualitativas. En las OMP de Austria, tenemos empleada desde 2017 una colaboradora persa, que ya ha encaminado a cientos de personas al bautismo. Su actividad principal en este momento consiste en producir materiales catequéticos adecuados en farsi para los solicitantes de bautismo y los recién bautizados. Este proyecto de la misión *ad gentes* en Austria funciona entre nosotros bajo la denominación de «Ananías 910». El nombre de Ananías hace referencia al personaje bíblico de Damasco al que Dios le pide en Hechos de los Apóstoles 9 que cure y bautice a Saulo. Ananías responde: «¡Aquí estoy, Señor!» (Hch 9,10) y –tras indagar razones– lleva a cabo el encargo divino. El número de «Ananías 910» se refiere a la disposición misionera expresada en ese pasaje bíblico.

La actuación de Ananías es a la vez modelo e hilo conductor para el modo y manera que debe tener el compromiso misionero interno: no se trata de un proselitismo religioso ideológico, sino de la disposición a colaborar con el milagro de la gracia de Dios, que antecede y fundamenta todo. Ananías está dispuesto a que Dios le envíe a Saulo, a quien Cristo ha salido ya al encuentro y que ahora aguanta ahí, ciego y desvalido. Dios ha actuado ya. Pero Dios no quería efectuar la transformación completa de Saulo en Pablo sin la activa colaboración humana de Ananías. Si hubiera faltado su «¡Aquí estoy, Señor!», que luego lleva en concreto a que se dirija a Saulo con actitud misionera, lo cure y lo bautice (Hch 9,17), ¡Saulo no habría llegado a ser Pablo! En realidad, Hechos 9 no nos describe solo la conversión de Saulo –del aún-no-cristiano–, sino también la conversión de Ananías –del ya-cristiano–, que necesita una llamada específica para entrar en la misión a Pablo.

La idea para este proyecto de Missio Austria vino dada, entre otras cosas, por los correspondientes llamamientos del papa Francisco en la *Evangelii gaudium* y por sus alocuciones del 4 de junio de 2016 y el 3 de junio de 2017 a los directores nacionales; la motivación responde al «signo de los tiempos» provocado por la creciente migración y el fuerte incremento de la población no cristiana en Austria. Hoy ya no se puede, como en tiempos pasados, situar geográficamente a las *gentes*, esto es, a aquellos que no conocen todavía la fe cristiana, en África, Asia o Latinoamérica. Se encuentran, como dice el papa Francisco, «en las periferias del propio territorio». Si Europa se vuelve cada vez más «región de misión», tenemos que actuar en consonancia. Desde siempre, el interés primigenio de las OMP ha sido prestar apoyo a las Iglesias locales para gestionar la misión *ad gentes*. Siento que es un gran déficit que la Iglesia católica no sea más activa en ello.

6. Alegato en favor de una espiritualidad misionera del *Ite, missa est*

Solo habrá salida misionera *ad extra* si cambiamos nuestra mentalidad, nuestro *ad intra*. Necesitamos una nueva espiritualidad misionera, como reclama repetidamente el papa Francisco en *Evangelii gaudium*. Para nuestro futuro es decisivo que comprendamos que ser cristiano no consiste en *tener* una misión, sino en *ser* una misión. A esto va el célebre texto del papa Francisco en la *Evangelii gaudium*: «La misión en el corazón del pueblo no es una parte de mi vida, o un adorno que me puedo quitar; no es un apéndice o un momento más de la existencia. Es algo que yo no puedo arrancar de mi ser si no quiero destruirme. Yo *soy una misión* en esta tierra, y para eso estoy en este mundo. Hay que reconocerse a sí mismo como marcado a fuego por esa misión de iluminar, bendecir, vivificar, levantar, sanar, liberar. Allí aparece la enfermera de alma, el docente de alma, el político de alma, esos que han decidido a fondo ser con los demás y para los demás. Pero si uno separa la tarea por una parte y la propia privacidad por otra, todo se vuelve gris y estará permanentemente buscando reconocimientos o defendiendo sus propias necesidades. Dejará de ser pueblo»[16]. Por eso el papa Francisco puso octubre de 2019 como «Mes Mundial Extraordinario de las Misiones», bajo el

---

16.   Francisco, *Evangelii gaudium* 273.

lema *Bautizados y enviados*. El bautismo no recluye a la persona en la privacidad, sino que le da una misión. Más aún: la hace misión, prolongación de la misión de Cristo.

Jesús no fundó la religión de una élite privada. No quiso ninguna sociedad secreta encapsulada, ningún club de pastores callados. Antes de despedirse tras la resurrección y partir hacia la invisibilidad, congrega a los discípulos en torno suyo y les da un encargo. Un encargo que es misión (en latín *missio*). Los «apóstoles» han de ser lo que indica su nombre: mensajeros del Señor Jesucristo, muerto y resucitado, que padeció el pecado del mundo por su sacrificio en la cruz, que reconcilia a Dios y al mundo, que nos concede consuelo y gracia sobre la tierra y nos llama tras la muerte a una comunión eterna de amor con Dios. Las palabras de envío de Cristo a sus discípulos son claras y soberanas: «Id a hacer discípulos entre todos los pueblos, bautizadlos consagrándolos al Padre y al Hijo y al Espíritu Santo, y enseñadlos a cumplir cuanto os he mandado. Yo estaré con vosotros siempre, hasta el fin del mundo» (Mt 28,19s). Y los discípulos están, de todos modos, tan entusiasmados por lo que han experimentado por medio de Jesús que se sienten apremiados a salir por todo el mundo. Pablo, que solo después fue llamado por Cristo milagrosamente al servicio apostólico, escribe: «El amor del Mesías nos apremia al pensar que, si uno murió por todos...» (2 Cor 5,14).

Cuando uno está colmado de alegría, siente un apremio interior: el deseo de comunicarse, de contarlo a los demás, de compartir la alegría. Ya es de por sí asombroso que una banda de doce hombres consiguiera en tan poco tiempo conquistar pacíficamente el mundo. En los tres primeros siglos incluso bajo la más brutal persecución por parte del Imperio romano; una persecución que, por desgracia, está siendo superada actualmente por la crueldad y el elevado número de cristianos que a escala mundial son víctimas de opresión y asesinato. La comunidad que los discípulos de Jesús constituyen lleva el nombre de *Iglesia*, en alemán *Kirche*, que proviene de la palabra griega *Kýrios*, «Señor». En efecto, la Iglesia es Cristo, que continúa viviendo, atravesando la historia del mundo, representado y anunciado por quienes pertenecen a la Iglesia: nosotros, los cristianos. Es claro que la tarea primera de la Iglesia, de la «comunidad perteneciente al Señor», ha de consistir en llevar a los seres humanos el amor de Dios y la salvación. El nombre *Jesús* significa «Dios-Yahvé salva». Jesús es el «Salvador», y por eso una Iglesia que no lleva a los hombres salvación y redención no sirve para nada.

De aquí que haya mucho por hacer. Todo responsable eclesial, ante decisiones financieras y personales, debería plantearse primero el interrogante «¿Sirve para la transmisión de la fe? ¿Es misionero este proyecto? ¿Supone esta operación atreverse a algo nuevo?». «¡Primero, la misión!». Si nos decidimos por lo misionero, esto quiere decir, evidentemente, que son necesarias opciones dolorosas en otras direcciones. Lo cual concierne también al dinero. Cuando el papa ha advertido a los sacerdotes que el diablo se infiltra también por la cartera, no es meramente una expresión llamativa más de nuestro papa, sino una advertencia grave. En todas partes tenemos que cesar de estar adheridos al dinero y empezar a volvernos generosos. La generosidad da siempre fruto de algún modo por sí misma.

De eso puedo dar testimonio por propia experiencia en lo referente a nuestro monasterio. Cuando hay una hospitalidad magnánima, naturalmente no solo en lo económico, sino también en lo emocional, por tanto, cuando se acoge a los huéspedes con corazón abierto, ahí aparecen vocaciones. Es muy sencillo. La Carta a los Hebreos alude a lo fructífera que es la magnanimidad: «No olvidéis la hospitalidad, por la cual algunos, sin saberlo, hospedaron a ángeles» (Heb 13,2). Está señalando la visita de los tres ángeles a casa de Abrán y Sara (Gen 18). Abrán agasaja a los tres con generosidad y alegría, sin sospechar que son mensajeros de Dios. El premio por su magnanimidad consiste en la promesa de que Sara va a concebir todavía un hijo en su vejez y los descendientes de Abrahán serán numerosos como las arenas del mar. ¡Quien da recibe! Ya vale del mercadeo eclesial con los movimientos juveniles, las innovaciones espirituales y las iniciativas misioneras. Se les deben tantos recursos como se puedan invertir, con generosidad y alegría. También nuestros planes de financiación tienen que volverse misioneros con la máxima rapidez.

Para concluir, querría hacer una propuesta concreta: a ver si por fin traducimos las palabras finales de la santa misa con más autenticidad, lo cual significa en este caso «en tono más misionero». La celebración eucarística concluye en latín con la invocación de despedida: *Ite, missa est*. El pueblo responde: «Deo gratias!», ejerciendo así su derecho a tener siempre la última palabra frente al celebrante en la liturgia. La traducción alemana [como la española] es, en mi opinión, un desastre. El *Ite, missa est* pasa a ser «¡Podéis ir en paz!». Suena tan banal, tan insulso, tan flojo, tan tremendamente irénico... Viene a sonar a «¡Podéis iros! Ya os quedáis por fin tranquilos con el ir a misa». Y, sin embargo, esto que se sugiere es precisamente lo que no se quiere decir con esa tibia frase. Al contrario: *missa est!*, tenéis una misión, ahora estáis enviados vosotros. Propiamente habría que traducir, con exactitud: «Y ahora, vosotros fuera; ya habéis acumulado fuerza suficiente –*missa est!*–, ahora vosotros sois enviados; esforzaos para que Dios sea más amado en todas partes». ¡Amén! Ya el papa Benedicto XVI aportó en 2007 sabias reflexiones en *Sacramentum caritatis*[17], pero hasta ahora nada ha sucedido.

No soy tan ingenuo como para vincular expectativas salvíficas a un cambio de las formulaciones litúrgicas. Pero sería un gran paso simbólico si al final de cada santa misa el sacerdote, que ha de ser él mismo el primer misionero de su

---

17. Benedicto XVI, *Sacramentum caritatis* 51.

comunidad, nos gritase: «¡Id, estáis enviados!». ¿Qué pasaría si la liturgia de la misa en nuestro idioma, siguiendo la latina, volviese a terminar con una encomienda de envío: «¡Sed misioneros!»? Entre los miles de pasos concretos que necesitamos para recobrar un talante misionero en nuestra mentalidad y en nuestras obras, una concreción tan pequeña sería quizá, sin embargo, hasta una gran piedra sillar para edificar el futuro de la fe. Pues la Iglesia no existe para girar en torno a sí misma de manera autorreferencial. No es que la Iglesia tenga una misión; es que es misión. Y debería gritárselo a sí misma una y otra vez con un alegre y animoso *Ite, missa est!*

6
La misión a los otros

THOMAS KRAFFT

1. Envío

Misión se dice en alemán *Sendung*, «envío». Pocas cosas habrá tan elevadas en la vida de un ser humano como la conciencia de sentirse enviado para el bien. Así como la misión es la esencia y el centro de la Iglesia (cf. *Ad gentes* 2), así también el envío y la conciencia de él constituyen la identidad de cada creyente en la Iglesia[1]. El papa Francisco nos exhorta a discernir por nosotros mismos «cuál es el camino que el Señor [nos] pide, pero todos somos invitados a aceptar este llamado: salir de la propia comodidad y atreverse a llegar a todas las periferias que necesitan la luz del evangelio» (*Evangelii gaudium* 20). *Cada* cristiano debe seguir su propio camino, pero *todos* están invitados a salir de sí y acudir como Iglesia allí donde no alumbra la luz del evangelio.

El término *envío* tiene dos acepciones que están interrelacionadas, pero que conviene distinguir. Por un lado está el envío de alguien a modo de encomienda. Aquel a quien se confía el envío es en ese sentido enviado. ¿A qué es enviado? A cumplir un encargo. Este encargo puede consistir también

---

1. En todo lo que sigue empleamos el masculino como género gramatical inclusivo, tanto en singular como en plural. Entiéndase siempre, pues, que también están incluidas las mujeres.

en transmitir a otra persona el envío como contenido. En el concepto cristiano de misión, ambas acepciones coinciden. La conciencia del envío cristiano comporta siempre el envío como comunicación a otro. Evidentemente ambos conceptos pueden también existir independientemente. Un mensajero puede ser enviado a llevar un mensaje desconocido para él. Y no todo mensaje incluye un encargo.

Pero esto no vale para el envío cristiano, que parte de la autorrevelación de Dios y por eso pone en cuestión como eternidad al ser humano *finito*. La *eternidad* contrasta con nuestra finitud y le da así una dirección, en la que al mismo tiempo somos movidos hacia nuestra salvación. Desde luego podríamos considerar como dios, en una cosmovisión trágica, a un dios que quisiera nuestra desgracia, pero no como el Dios único y supremo, pues estaríamos buscando continuamente auxilio contra la desgracia. Que Dios se revele en lo finito no quiere decir que él mismo se haga finito. Más bien fuerza a lo finito a abrirse en dirección a su eternidad. Dios se revela en cuanto Hijo como aquel que carga con el sufrimiento y también como aquel que quiere descargar a otros de sufrimiento y liberarlos. En ello se manifestó como el camino hacia la salvación, que es mayor que nuestro bienestar terrenal.

Como individuo humano, nacido en pobreza y sometido al sufrimiento, toma sobre sí mismo la muerte, la muerte que *cada* persona debe morir, de modo que desde él todos los hombres *pueden* ser divinizados. Dios quiere la salvación de los hombres. Que Dios quiera la salvación de los hombres nos asevera que somos valiosos, demasiado valiosos como para hundirnos en la arbitrariedad o en la nada. Ser valiosos significa tener una misión. Cada individuo humano tiene una misión peculiar; pero, visto desde Cristo, es siempre una misión, un envío hacia el otro. La misión cristiana es esencialmente «el tránsito del ser para sí al ser unos para otros»[2]. Este *ser unos para otros* constituye en un primer paso a la Iglesia como comunidad de los creyentes. Pero en relación con su misión, no se puede contentar con ese ser unos para otros. Puesto que Cristo quiere la salvación de todos los hombres, los cristianos no pueden quedar absorbidos en ser Iglesia. *Ser unos para otros* significa entonces más que ir a los márgenes de la Iglesia. Si ese ser unos para otros tiene que abarcar a todos los seres humanos –y de eso parto aquí–, entonces la misión de la Iglesia concierne en particular también a quienes no quieren tener nada que ver con la Iglesia. Dejemos abierto si la razón de tal actitud es que no captan lo que ella pretende ser, o que lo rechazan explícitamente. Lo único que suponemos es su opinión de que conocen a la Iglesia suficientemente bien, como para tenerla en poco.

2. El otro

Entonces, ¿cómo se plantea la misión cristiana de cara a quien no se siente concernido por ella? Aquí lo llamaremos *el otro*. Para él, para el otro, la Iglesia resulta ser solo una religión más entre muchas. Es posible que pertenezca conscientemente a otra religión; este caso no lo podemos abordar aquí. La alternativa es que no *tenga* ninguna religión. Pero tampoco parece faltarle nada, de modo que puede decirse que no tiene necesidad de religión. No es que carezca de religión, sino que es arreligioso. Uno no tiene necesidad de algo si también sin ello se siente fuerte o suficientemente *entero*. Desde esta perspectiva es posible rechazar las religiones en cuanto tales, pero asimismo reconocerlas como cosmovisiones o filosofías vitales útiles para otros. Tén-

---

2.   Joseph Ratzinger, *Einführung in das Christentum*, JRGS 4, Freiburg i. Br. 2014, 232s (trad. esp.: *Introducción al cristianismo*, Sígueme, Salamanca 2023[19]; ahora también en OCJR IV, BAC, Madrid 2024).

gase en cuenta en lo que sigue la distinción entre cosmovisión y realización vital. Una persona puede estar insatisfecha con su vida sin inferir de ello que sea defectuosa su cosmovisión, aun cuando ambas cosas están interrelacionadas. Uno tiene que ver que hay motivos que lo llevan a esa cosmovisión y que esta le proporciona algo a lo que atenerse, acaso incluso a lo que agarrarse, también por miedo a la aparente carencia de suelo firme en el umbral[3]. Ello puede llevar a que uno se sienta amenazado por el cuestionamiento de su visión personal o por la confrontación directa con otra (que siempre supone un cuestionamiento de la propia). Puede que entonces no se abra, sino que más bien, sintiéndose obligado a defenderse él mismo y a defender algo suyo, quede ligado con más firmeza y profundidad todavía a su visión, aun cuando ello acarree deficiencias en su realización vital. Ocurre entonces que «se dan tales circunstancias que no permiten, por algún tiempo, proponer directa e inmediatamente el mensaje del evangelio» (*Ad gentes* 6).

Cuando el otro sufre de alguna penuria física o psíquica y requiere ayuda, el caso resulta relativamente sencillo. La penuria y el sufrimiento pueden obrar una apertura mutua entre las personas. Es el *páthos* lo que crea comunidad, no como figura estilística, sino como destino compartido, cuando uno se deja afectar por el destino del otro. Aunque el otro no quiera oír hablar de Cristo, con todo se le pueden ofrecer las palabras de Cristo, que en su penuria está pidiendo. Pero ¿qué pasa con el otro que no padece necesidad, si está contento con su propia visión, sea consciente o inconsciente, reflexionada o inmotivada, y asimismo con su propio proyecto de vida? Difícilmente pedirá algo y rara vez nos preguntará por nuestra misión. Así y todo, hemos de esforzarnos por llegar a él. Este aspecto del

---

3.   Cf. Charles TAYLOR, «Die "Zweimalgeborenen"», en Íd., *Die Formen des Religiösen in der Gegenwart*, Frankfurt am Main 2002, 33-56 (ed. ingl.: *Varieties of Religion Today: William James Revisited*, 2002).

envío a *todos* los hombres es el objeto de las reflexiones que aquí exponemos. ¿Es posible, y en caso de respuesta afirmativa, obligado considerar no solo a los inequívocamente *débiles* como «principio temático de configuración del seguimiento de Cristo», sino también a los *fuertes*, no ya a los que *son* fuertes, sino a los que se tienen por fuertes y hacen que otros los confirmen en esa imagen ilusoria[4]? En la medida en que su fortaleza es *también* ilusoria, hay que denominarlos asimismo débiles, aunque no caigan en la cuenta de ello.

Naturalmente, lo que importa no es cómo quebrar la autosuficiencia del otro. También en su vida hay cosas buenas que merecen ser reconocidas (cf. *Nostra aetate* 2). Tiene motivos para dárselas de fuerte y para tenerse por fuerte. De él podemos aprender, pero solo si no damos por supuesto que tenemos razón nosotros. Hemos de dejarnos cuestionar seriamente por lo que hay de bueno en su vida, y también en su visión, sin por ello poner ya en duda nuestra misión. Pero también nosotros tenemos algo que darle, si nos abrimos a él y nos interesamos honradamente por él. Si dejamos que sus palabras lleguen hasta nosotros, podemos incluirlas en nuestra relación con Dios, de modo que Dios participe en nuestra interlocución con el otro, sin ponerlo explícitamente de relieve. Un encuentro tal va más allá del «apostolado del ejemplo» (*Ad gentes* 15) en virtud del interés por el otro. La misión se convierte así en evangelización: «Con el término *evangelización*, la Iglesia hace patente que la misión implica una traducción lingüística, existencial y cultural de la Buena Noticia a la sociedad actual [y al otro al que aquí nos referimos]»[5]. Un buen día quizá el otro se preguntará por qué ese interés de uno por él. Entonces puede ser el momento de decir más. Y, respondiendo a su

---

4.   Cf. Ottmar Fuchs, *Heilen und befreien*, Düsseldorf 1990, 35.
5.   Reinhard Marx, «Mission und Evangelisierung»: *Der Vorsitzende der Deutschen Bischofskonferenz* 31, Bonn 2018, 15.

indagación, posiblemente podamos decir: nuestro interés está enfocado a lo divino en ti.

3. El envío y su dependencia del receptor

Todo el que quiera encomendar un envío a alguien ha de tener la seguridad de que el otro lo puede aceptar. Hay que aguardar el momento oportuno. Pero también hay que «hacerse» con el otro, llevarlo a aceptar el envío. Pero ¿qué se puede hacer si rechaza aceptarlo? Por de pronto, está en su *legítimo* derecho. Salvaguardar ese derecho interesa también al enviador si quiere que el envío sea algo más que un mero cumplimiento del deber y, además, desacertado. Es, pues, tarea del enviador recoger al receptor allí donde este se halla: encontrar el gancho del que está colgando, para luego ayudarle a desprenderse de ese gancho[6]. Con este fin se ha de posponer la pregunta de si quiere o no aceptar luego –después– el envío. Este adoptará así una forma distinta. Entonces no es ya encomienda, ni mensaje, sino que se torna paciente espera. También en esa espera se expresa el envío, sin agotarse con ella. Se expresa en que vale la pena esperar al otro, en que merece que tengamos paciencia con él, así como en que el envío no debe imponerse, porque *realmente* se sostiene por sí mismo.

Pero si el otro lo merece, no es porque sea un ser humano más, sino solo por ser el ser humano *único* que es. Por tanto, el envío no exige primeramente la apertura del receptor, sino que más bien su éxito está condicionado por la apertura del enviado al otro y, por ello en particular, a su alteridad[7]. El

---

6.   Debo esta imagen a mi difunto amigo Klaus Ritter.
7.   Cf. Maurice BLONDEL, *Zur Methode der Religionsphilosophie*, Einsiedeln 1974, 131 [trad. esp. del orig. francés: *Carta sobre las exigencias del pensamiento contemporáneo en Materia apologética y sobre el método de la Filosofía en el estudio del problema religioso*, Pu-

propósito de recoger al receptor allí donde se halla pasa a ser de este modo la tarea de acompañarlo un tramo más y de interesarse por él. Pero este interés requiere una determinación más precisa. También a nuestra constelación del envío a los otros es aplicable el proverbio asiático: «Nadie es tan rico que no tenga nada que recibir, ni tan pobre que no tenga nada que dar»[8]. En este sentido se dice también en el *Catecismo de la Iglesia*: «Los creyentes pueden sacar provecho para sí mismos de este diálogo [con quienes aún no aceptan el evangelio] aprendiendo a conocer mejor "cuanto [...] de verdad y de gracia se encontraba ya [entre ellos], como por una casi secreta presencia de Dios" (AG 9)»[9]. Pero este punto de vista no puede servir para fundamentar el diálogo, sino a lo sumo para señalar un resultado de él. El interés por la ganancia personal no es lo mismo que el interés por el otro, y en especial por su alteridad, que a primera vista no se podrá identificar necesariamente como *verdad y gracia* del Dios cuya pretensión no es percibida. Lo otro habrá que encontrarlo acaso precisamente en la justificación del rechazo. Esto último no hay que entenderlo, naturalmente, como si él tuviera derecho a rechazar a Dios, sino en el sentido de que su rechazo de Dios tiene sus motivos, de forma que en último término solo es rechazada una imagen de Dios que desfigura al Dios que *es* bueno. Además, lo que importa no debe ser constatar un equívoco, sino más bien aguantar hasta que llegue el momento oportuno para decir la palabra adecuada.

Por nuestra parte solo podemos hablar de diálogo si nuestro interés está enfocado al interés del otro. Puede que pensemos conocer el camino de la salvación. Pero no se trata del camino

---

8.   blicaciones de la Universidad de Deusto, Bilbao 1991]: «Intentamos abrirnos a los otros... para abrirlos a ellos mismos ante nosotros».
8.   Cit. según «Allen Völkern Sein Heil»: *Die Deutschen Bischöfe* 76, Bonn 2004, 56.
9.   *Catecismo de la Iglesia católica* 856.

que conocemos, de nuestro camino, sino del camino del otro[10]. Que se desarrolle un diálogo en el pleno sentido de la palabra, como interés recíproco por el interés del otro, no está en nuestra mano[11]. Y, sin embargo, un diálogo con el otro, si ha de ser «parte del envío de la Iglesia a anunciar el evangelio», debe ser «conducido y llevado a término con la convicción de que *la Iglesia es el camino ordinario de salvación* y de que *solo ella* posee la plenitud de los medios de salvación» (*Redemptoris missio* 55)[12]. Nuestra misión consiste en entrar en diálogo con el otro. Nos sabemos llamados a anunciar al otro la salvación. Pero es imposible fundar un diálogo auténtico en el interés abstracto por la salvación del otro. Se trata siempre de la salvación concreta, y el camino hacia esa salvación comienza siempre por el otro, no por la Iglesia. El convencimiento *de que la Iglesia es el auténtico camino de la salvación y de que solamente ella está en posesión de la plenitud de los medios de salvación* no se puede transmitir de otro modo que cargando con él y viviéndolo como convencimiento. El objetivo del diálogo no puede ser que el otro comparta al final ese convencimiento y, a ser posible, con el mismo tenor. El objetivo ha de quedar abierto. Pero también puede quedar abierto si recorremos ese camino aprovechando la plenitud de los medios de salvación, también para nosotros mismos.

4. La alteridad como ruptura con el evangelio

A la *presencia escondida de Dios*, no solo para los otros, sino también para nosotros, corresponde la imagen y semejanza

---

10. Cf. BLONDEL, *op. cit.*, 194: «No es asunto nuestro constatarlo».
11. ¿Se podrá exclamar con Blondel (*op. cit.*, 212): «¡Qué dicha que [...] podamos ver a tantos forzados y ocupados en alcanzar el fundamento primigenio de lo religioso»?
12. Cf. *Evangelii nuntiandi* 53.

que el ser humano, siempre *todo* ser humano es, «pues cada hombre es humano esencialmente por ser distinto de todos los demás»[13]. No es la Iglesia el camino del hombre, sino que «este hombre es el camino de la Iglesia..., porque el hombre –todo hombre sin excepción alguna– ha sido redimido por Cristo, porque con el hombre –cada hombre sin excepción alguna– se ha unido Cristo de algún modo, incluso cuando ese hombre no es consciente de ello» (*Redemptor hominis* 14). Que todo hombre sea el camino de la Iglesia no significa que todo hombre sea Iglesia, sino que la Iglesia es directamente colindante con cada hombre. Por mucho que los otros subrayen su alejamiento de la Iglesia, siguen estando íntimamente cerca de la Iglesia.

Si es así la cosa, lo que diferencia a las personas que están en la Iglesia de las que no se sienten pertenecientes a ella es de menor consideración que lo que las vincula. Las diferencias existen y mantienen su importancia. Nuestra atención no se fija en la autocomprensión de la Iglesia, sino en la pregunta de cómo es posible el diálogo con otros y cómo puede realizarse. Se trata de tender puentes, puentes sobre el abismo de la alteridad del otro, tal como se desarrolla aquí. Pablo VI denomina a ese abismo «la ruptura entre el evangelio y la cultura» (*Evangelii nuntiandi* 20). Pero ¿es cierto? ¿Es siquiera pensable una tal ruptura? ¿Siendo que el hombre aspira al bien, y Dios *es* el bien, y que el hombre está redimido, *todo* hombre? Realmente la ruptura solo es con «una concepción del mundo según la cual este último se explica por sí mismo sin que sea necesario recurrir a Dios» (*ibid.* 55). Pero incluso si parece «existir una secularidad por completo encapsulada en sí misma, ante la cual no se consigue hacer simplemente plausible algo así

---

13. Eberhard Tiefensee, «Ökumene der "dritten Art"», en Íd. *et al.*, *Pastoral und Religionspädagogik in Säkularisierung und Globalisierung*, Berlin 2006, 25.

como el "valor añadido de la fe"»[14], la Iglesia no puede ni debe ver ahí una ruptura. Sabe que «el rechazo del estado al que el hombre está destinado, no es para él una mera inexistencia, sino una pérdida positiva», experimentada como tal por toda persona. La experiencia de la existencia humana, compartida por todos los hombres, es el puente tendido sobre todo abismo entre ellos. Como prosigue Maurice Blondel, «hasta en la vida cerrada a la fe se ha de encontrar todavía algo de aquello que se rechaza»[15].

Esto no quiere decir que se pueda «conciliar entre sí el espíritu cristiano y el espíritu secular que da la espalda a Dios, el cristianismo y el anticristianismo, la verdad y el error»[16]. No, cristianismo y anticristianismo son tan poco conciliables como la verdad y el error. Ambas parejas conceptuales están construidas de forma antagónica. No se puede conciliar el espíritu cristiano con un *espíritu secular que da la espalda a Dios*. Tal espíritu secular, si existe, se halla en contraposición con el espíritu cristiano, pero no porque no dé la espalda a Dios, sino en la medida en que no es el espíritu cristiano. Pero si Cristo está unido a todo hombre, ¿cómo puede darse un abismo infranqueable? Que la ruptura aludida por Pablo VI es afirmada por la otra parte está fuera de toda duda. Puede que para ella la fe de la Iglesia sea «una religión fenecida, mentalmente muerta». Es, empero, un desafío que no se puede afrontar diciendo: «No, el catolicismo es y será siempre la religión divina que contiene en sí, en sus tesoros, todo lo que [requieren los seres humanos]. Pero nadie lo requiere de ella. El almacén está repleto, el comerciante está preparado, pero

---

14.   Robert Zollitsch, «Gott erfahren in einer säkularen Welt»: *Der Vorsitzende der Deutschen Bischofskonferenz* 28, Bonn 2012, 28.

15.   Blondel, *op. cit.*, 122.

16.   Cf. «Das Kölner Pastoralschreiben», en Peter Neuner, *Der Streit um den katholischen Modernismus*, Frankfurt am Main 2009, 363.

por desgracia faltan los compradores»[17]. La Iglesia no se puede conformar en su envío a los otros con analizar su falta de fe. No se trata de tener razón ante los otros, sino de ser justificados siendo para los otros.

Puede que haya rupturas entre el evangelio y la cultura. Pero solo serán infranqueables mientras el otro se obstina en ellas. Desde el punto de vista del evangelio no debe haberlas. Pero no puede haberlas tampoco porque Dios se ha hecho hombre y ha cargado sobre sí la muerte. Puesto que ha extendido sus brazos hasta la muerte, esos brazos quieren y pueden alcanzar a todo hombre: como interrogante, como oferta. Con amor. Se trata de Cristo, el Resucitado. Pero no se pueden tender puentes al otro llevando delante al Resucitado como un estandarte, sino solo optando por «no saber [ante el otro] más que a Jesucristo, y a este crucificado» (1 Cor 2,2). No tenemos pretensión alguna de éxito, y el éxito no puede ser nunca criterio para nuestra misión. La Iglesia «debe caminar, por moción del Espíritu Santo, por el mismo camino que Cristo siguió, es decir, por el camino de la pobreza, de la obediencia, del servicio, y de la inmolación de sí mismo hasta la muerte» (*Ad gentes* 5). Evidentemente, *obediencia* no puede significar, referida a Cristo, la observancia de preceptos o formalismos. Antes bien, su obediencia nos señala la necesidad de escuchar al otro en lo que expresa como su interior. El hijo de Timeo estaba *palmariamente* ciego y, sin embargo, Jesús no le hace ver sin más, sino que «le preguntó: "¿Qué quieres de mí?". Contestó el ciego: "Maestro, que recobre la vista". Jesús le dijo: "Vete, tu fe te ha salvado". Al instante recobró la vista y lo seguía por el camino» (Mc 10,51ss). Bartimeo vuelve a ver, no porque fuera ciego, sino porque pidió a Cristo poder ver de nuevo. No podemos hacer que el otro vea, pero podemos ayudarle a aprender a ver.

---

17. Romolo MURRI, «Klerikalismus und Demokratie», en Neuner, *op. cit.*, 421.

5. El potencial conflictivo de la alteridad, en el ejemplo de la disputa modernista

Al citar la «Carta pastoral de Colonia» de 1907 (y también el escrito de Murri, de 1910), nuestras reflexiones tocan la llamada disputa modernista, que se desarrolló en el seno de la Iglesia católica en el tránsito del siglo XIX al XX. La disputa se encendió con la pregunta de si la Iglesia puede entrar en diálogo con otros, y cómo. Esa disputa es especialmente apropiada para poner de relieve hoy los retos de la confrontación con otros. Secundariamente nos da un mal ejemplo, pues fue una confrontación llevada a cabo sin diálogo. Pero primordialmente nos sirve para ilustrar la génesis del otro al que aquí nos estamos refiriendo. Con esto no pretendo decir que yo haya identificado un gancho del que cuelgan todos los demás. La disputa modernista brinda una visión de la génesis del otro, cuyo punto de partida está en la Iglesia. Los otros, de los que estamos hablando, provienen en gran parte de ambientes con impronta cristiana. La ruptura con el evangelio, que los va a constituir como otros, solo raras veces es una protesta contra Cristo, sino que en su mayor parte es protesta contra las frágiles vasijas (cf. 2 Cor 4,7) a las que se ha confiado el evangelio. Además, la protesta surge de criterios cuyo origen está en su impronta cristiana.

El modernismo fue un asunto eclesial, pero en él la Iglesia se vio confrontada con la moderna ideología del agnosticismo. Lo que ella condenó intraeclesialmente con razón, ahora lo tiene delante como otro distinto a ella. Hoy es cometido de la Iglesia aprender a atraerlo de nuevo hacia sí, sin parecer agresiva. Por tanto, no se trata aquí ni de rastrear aquella disputa en sus marañas, ni de tomar partido en ella *a posteriori*. Desde el Concilio Vaticano II (y el final de la práctica del juramento antimodernista en 1967) puede considerarse liquidada. No obstante, merece la pena ofrecer una sucinta exposición del meollo de esa disputa. En ella pueden encontrarse muchas indicaciones e ideas que pueden ayudarnos a avanzar en nuestro tema.

Como punto de partida tomaremos la encíclica *Pascendi Dominici gregis*. En ella Pío X constata que hay un sistema modernista, pero que, por razones tácticas, los modernistas no exponen «jamás sus doctrinas de un modo metódico y en su conjunto, sino dándolas en cierto modo por fragmentos y esparcidas acá y allá»[18]. Una afirmación que fue y es rechazada con razón por representantes del modernismo. No puede haber un sistema en el modernismo, si este se basa en la doctrina agnóstica: «La razón humana, encerrada rigurosamente en el círculo de los *fenómenos*, es decir, de las cosas que aparecen, y tales ni más ni menos como aparecen, no posee facultad ni derecho de franquear los límites de aquellas. Por lo tanto, es incapaz de elevarse hasta Dios, ni aun para conocer su existencia, de algún modo, por medio de las criaturas: tal es su doctrina»[19]. Si esa manera de pensar pretendiera encuadrarse en un sistema, entraría en contradicción consigo misma. Pero como cada afirmación hace potencialmente referencia a tal cuadro sistemático, la contradicción subsiste ya antes incluso de la construcción del sistema, que ella misma imposibilita en último término. Junto a la doctrina del agnosticismo, la encíclica menciona así ya al comienzo mismo el punto decisivo, que no es negado por ninguno de los modernistas, pero tampoco percibido por ninguno. Pero mientras que esa doctrina tiene que ser entendida por la Iglesia como un ataque a *su* verdad, los modernistas la defienden como una concepción que no solo no dañaría a la Iglesia, sino que, desde su punto de vista, le sería provechoso a esta, o dicho con más exactitud, una concepción que la Iglesia no podría eludir.

---

18. Enc. *Pascendi Dominici gregis* 3; en Neuner, *op. cit.*, 296; cf. 335.
19. *Ibid.* 4; Neuner, *op. cit.*, 297.

Según esto, las personas se apartarían de la Iglesia o ya no la percibirían como relevante, porque la Iglesia estaría cerrada a esa concepción. Sin embargo, lo que importa a los modernistas no es un sistema, sino introducir mejoras en el catolicismo, entendido por ellos como sistema. Cierto que las conclusiones del punto de vista agnóstico pueden ser sistematizadas, pero no brotan de modo necesario, sino casual, de la doctrina en que están fundadas[20]. Que «muchos de sus escritos y dichos parecen contrarios» es algo que sucede «de propósito y con toda consideración»[21], al igual que las contradicciones no lo son solo en apariencia. No lleva muy lejos partir de las contradicciones. Son desde luego expresión de deficiente integridad, no en sentido valorativo, sino con relación al pensamiento. Un agnóstico se expresa de forma distinta según cómo y para qué se expresa, incluso en dependencia también de cuándo y dónde se expresa. Cómo podría ser de otra manera, si le falta el centro; es decir, su centro es la vacía forma de la contradicción del agnóstico consigo mismo, que raras veces es explicitada. Pero igualmente en esa autocontradicción «[la] vida tiene también su verdad y su lógica, distintas ciertamente de la verdad y lógica racional, y hasta de un orden enteramente diverso, es a saber: la verdad de la adaptación y proporción, así al medio (como ellos dicen) en que se desarrolla la vida como al fin por el que se vive»[22].

La encíclica condena el agnosticismo basándose en documentos del Concilio Vaticano I. En él se condenó primeramente la afirmación de que «la luz natural de la razón humana es incapaz de conocer *con certeza*, por medio de las cosas

---

20. Puede decirse que en último término se trata de la cuestión de si la Iglesia tiene carácter necesario o casual.
21. *Pascendi Dominici gregis* 17; en Neuner, *op. cit.*, 310.
22. *Pascendi Dominici gregis* 34; en Neuner, *op. cit.*, 331.

creadas, el único y verdadero Dios, nuestro Creador y Señor»
(*De revel.*, c. 1); en segundo lugar, la afirmación de que «*no es
posible* o conveniente que el hombre sea instruido, mediante
la revelación divina, sobre Dios y sobre el culto a él debido»
(*De revel.*, c. 2); en tercer lugar, la afirmación de que «la revelación divina no puede hacerse creíble por signos exteriores,
y que, en consecuencia, *solo por la experiencia individual* o
por una inspiración privada deben ser movidos los hombres a
la fe» (*De fide*, c. 3)[23]. En conclusión, estas tres condenas afirman, a la inversa, que la verdad es cognoscible; que en cuanto
a su contenido es determinable desde Dios por divina revelación; y que puede ser compartida con otros mediante signos
exteriores. Lo que naturalmente no afirman es que todo ser
humano conozca la verdad con seguridad; que todo adoctrinamiento sea posible o bueno; ni que la experiencia individual o
la inspiración privada sean irrelevantes.

Un ser humano, que tiene dudas de su propio conocimiento o de su posibilidad, puede ser instruido. Pero si
además duda de la posibilidad (o bondad) de una tal instrucción, *solamente* le resta la experiencia interior propia. Ello
afecta a los modernistas, a los que las condenas magisteriales pusieron entre la espada y la pared, como si pudieran
prescindir de su experiencia. En la medida en que no tenían
disposición a una humilde renuncia de sí, se vieron ante la
opción abstracta entre la Iglesia o *ellos mismos*. Sus interrogantes e intereses justificados se vieron afectados también
por las condenas. Merece gran respeto quien sea capaz de
negarse a sí mismo en situación tan exacerbada. Pero ¿es
algo que se pueda exigir a los demás? Que los modernistas
admiten «una verdadera experiencia, y superior a cualquiera

---

23. *Pascendi Dominici gregis* 4; en Neuner, *op. cit.*, 297; las cursivas son
    mías.

otra racional»[24] no quiere decir que ambas experiencias puedan contraponerse. Se condicionan recíprocamente. Una parte de culpa en esa exacerbación corresponde también al magisterio, por cuanto hizo volverse la razón contra la experiencia, en lugar de escuchar primero, que es lo único que habría sido razonable. Está claro que los modernistas eran los más débiles. No era necesario condenarlos, aun cuando objetivamente estaba justificado. La escalada de la extremosidad perjudicó a la Iglesia más de lo que podrían haberlo hecho los modernistas, que, además, no pretendían en absoluto perjudicarla.

Al haber renunciado Pío X a una confrontación objetiva con el agnosticismo de los modernistas, los empujó a una opción que era imposible de tomar para ellos, a causa de la doctrina agnóstica. Debían abandonar una posición insostenible como teoría, pero basada, sin embargo, en la praxis y la experiencia. Ni siquiera tiene por qué tratarse de una experiencia mística, en la que el agnosticismo puede verse confirmado; basta con que experiencias cotidianas se dejen interpretar en algún sentido de modo agnóstico. Pero esta es la gran fortaleza del agnosticismo: con él, todo parece interpretable, de forma que en el fondo para él no puede haber otra experiencia que la que lo confirma. No se puede entablar ningún diálogo, si no se concede validez a las experiencias del otro. No tenerlas en cuenta significa, no solo no respetar al otro, sino también adoptar una actitud arrogante frente al Espíritu Santo. No se trata de experiencias cualesquiera, sino siempre de la experiencia de la existencia, que evidentemente es interpretada de manera distinta por cada cual. Extremándolo, se trata de la experiencia del otro de no tener necesidad de religión alguna: la experiencia de la autoconfirmación. Esta no permite ser confrontada con otras interpretaciones. Pero, como toda interpretación, lleva en sí los criterios con

---

24.   *Pascendi Dominici gregis* 13; en Neuner, *op. cit.*, 305.

cuya ayuda puede ser enjuiciada. *Criterio*, empero, significa plantear una pretensión de verdad. En este sentido, muy bien puede decirse que todo ser humano sin excepción sigue la verdad desde la que, por tanto, según esto, pueden ser enjuiciadas también sus experiencias.

6. La puesta en peligro del otro

Los dogmas de la Iglesia no solo son sus propios criterios de verdad, sino que pretenden ser criterios de la única verdad. Esta pretensión está justificada, aun cuando la verdad solo puede patentizarse en la fe que responde. «No poseerla como don recibido, sino como hallazgo nuestro y desde nosotros, significa no poseerla en absoluto»[25]. El escándalo es que existe la verdad y que hay personas que reivindican para sí el saber creyente de la verdad y que, además, incluso lo ofrecen abiertamente a todos. Por eso hay que evitar convertirse uno mismo en piedra de tropiezo, presentando la verdad como si pudiera ser aprehendida por todos. En cuanto don, solo puede ser ofrecida, cuidando de no impedir al receptor la aceptación del envío porque se la desfigure. Y, sin embargo, los dogmas representan, también para el diálogo con otros, un gran tesoro, al que se debe recurrir. En cuanto criterios, sirven menos para seleccionar que para orientar. Para que puedan convertirse en ofertas, han de ser enunciados por el otro, de modo que este pueda ver incipientemente lo que se quiere decir, aunque no lo entienda aún, ni tampoco tenga por qué entenderlo mientras se limita a ver.

Si nuestra misión está referida a esos hombres que aquí llamamos *los otros*, porque su mentalidad ha sido configurada de modo agnóstico en una atmósfera *ilustrada*, entonces no

_____

25. BLONDEL, *op. cit.*, 139.

lleva muy lejos contradecirlos. En cuanto ilustrados se sienten ellos mismos confirmados. Pero esto no quiere decir que no haya ningún denominador común sobre el cual construir encuentros y diálogos. Un tal denominador es en especial la experiencia de existencia humana propia de cada cual, que es preciso descubrir interiormente, y la conciencia que se despliega a partir de ella. La misión cristiana como envío a esos otros presupone la disposición a no dejar la fe a la puerta, pero sí a dejarla momentáneamente en segundo plano, porque de otro modo no es posible comprender las experiencias de los otros. Si para el otro «la razón humana [está] encerrada rigurosamente en el círculo de los *fenómenos*, es decir, de las cosas que aparecen»[26], el envío a él requiere penetrar en su compañía en ese recinto cerrado. Es el ámbito en el que él existe. De una tal propensión solo puede liberar quien la carga sobre sí mismo. Aunque uno no le dé la razón a Alfred Loisy en que «lo que se llama revelación solo es la conciencia adquirida por el hombre de su relación con Dios y todas las formulaciones dogmáticas son necesariamente relativas y mutables»[27], esta doble afirmación es legítima desde su perspectiva, porque quien de tal modo se encierra frente a lo de fuera no puede sino excluir todo lo demás. Puesto que él no puede salir ya de sí mismo, la Iglesia debe finalmente atender a su derecho y seguirlo en la finitud encerrada en sí. Desde esta perspectiva, «la Iglesia es en la hora presente un impedimento para el desarrollo anímico de la humanidad. [...] La Iglesia no se ha percatado todavía de esta postura lamentable que ella se ha creado: ¿llegará a percatarse de ella y, si lo hace, querrá cambiarla, poniéndose al frente del movimiento científico, del todo dispuesta a arrancarla de raíz y no darle más pábulo?»[28].

---

26. *Pascendi Dominici gregis* 4; en Neuner, *op. cit.*, 297.
27. Friedrich HEILER, *Alfred Loisy*, München 1947, 57.
28. *Ibid.*, 28.

Como la Iglesia, también el movimiento científico es arrastrado hacia la finitud encerrada en sí. Pero claramente le resulta más difícil aún resistirse a ello. Respecto de la abundancia de los dogmas eclesiales solamente posee el criterio de la consistencia[29]. Pero ese criterio no lo cumple el agnosticismo ni, por ende, el movimiento modernista. El magisterio se opuso a la restricción sugerida por Alfred Loisy de toda revelación a la conciencia humana, porque es Dios quien *primero* se revela. Pero, para que realmente acontezca revelación, también desde la perspectiva humana ha de haber conciencia de lo que Dios revela. La revelación divina y la conciencia humana no se contraponen –la gracia proviene a la fe (cf. DV 5)–, sino que la conciencia se mueve en una tensión respecto de la propia existencia y, por tanto, *entre* la revelación y la posibilidad de rechazarla. Al absolutizar Loisy la conciencia como inmanencia, trastoca esa tensión, de modo que aparece ahora como contraposición de conciencia y revelación. Se pierde la tensión más allá de la conciencia, de forma que se vuelve cuestionable que uno pueda aceptar la revelación. Al introducir la revelación en la conciencia, Loisy la finitiza. Si existe Dios como el Creador todopoderoso, ¿por qué no le ha de ser posible interpelar a la finitud y también penetrar en ella como Hijo? Que con ello no se finitiza lo muestra su resurrección.

Las condenas magisteriales de las posiciones modernistas no se dirigen contra el valor de la conciencia ni de la experiencia, ni contra objetivos prácticos de los dogmas. Se dirigen contra la disolución de la tensión entre polos, de modo que estos resultan inconexamente contrapuestos. Por eso, el «que la mayoría de las frases [condenadas] no solo estén sacadas del contexto, sino que están modificadas y enrudecidas de modo singular,

---

29. La consistencia comprende también los criterios de correspondencia, coherencia y consenso.

ampliadas con añadidos y exacerbadas»[30], no representa una objeción contra el magisterio. Aunque esas afirmaciones nunca hayan sido formuladas así por parte modernista, su exacerbación magisterial está justificada, porque pone de manifiesto qué tendencia de las posiciones modernistas está siendo condenada. El magisterio exhorta a los modernistas a dar cuenta ante sí mismos de su agnosticismo, algo que no podían entender, puesto que creían en ese agnosticismo suyo.

El agnosticismo no es tanto una actitud cuanto más bien una ideología, con su correspondiente efecto de succión. El agnosticismo es atractivo, porque permite verse como superior a los otros. Pero aquello que distingue al modernista de los demás es lo que él concibe como su «honestidad intelectual». El modernista piensa saber más que otros, porque ha finitizado la eternidad, lo cual en verdad es deshonesto. Esta afirmación de insipiencia en lo esencial da impresión de *modestia*[31], pero también tiene no poco de *orgullo* e *ignorancia*: «Por orgullo conciben [los modernistas] de sí tan atrevida confianza, que vienen a tenerse y proponerse a sí mismos como norma de todos los demás»[32]. La orgullosa modestia o la humildad presuntuosa son fruto de la arrogancia agnóstica de saberlo *todo*, también aquello que, desde una perspectiva humana finita, solo en fe puede ser aceptado. Naturalmente, con una atribución tal el modernista se siente malinterpretado e injustamente tratado. Equiparar con la honestidad un saber, que en cuanto arrogante en realidad no es sino ignorancia, encierra la insipiencia intelectualmente honesta en la prisión de la ideología agnóstica[33].

---

30.   HEILER, *op. cit.*, 75.
31.   *Ibid.*, 202s, 205s, 213.
32.   *Pascendi Dominici gregis* 41; en Neuner, *op. cit.*, 338s.
33.   Se podría entender esa ideología también como herejía, pues en ella queda absolutizada la teología negativa.

7. La posibilidad del diálogo con otros

La disputa modernista tiene valor también como cantera[34], en cuya riqueza aquí solamente arañamos. Por una parte, la fortaleza de *Pascendi Dominici gregis* es poner de manifiesto en conceptos modernos como los mencionados, pero también en los de sentimiento, necesidad, experiencia, evolución, permanencia o emergencia, el punto en que estos corren peligro de trocarse agnósticamente en contrarios a la divina revelación. Por otra parte, respecto a todos estos conceptos se encuentran en los escritos modernistas, además de aciertos apreciables en la exposición científica, sin duda también posibilidades y puntos de vista innovadores para entablar diálogo con otros. Dicho con las palabras del modernista Murri, en definitiva no importa tanto «rastrear errores en las ideologías y descarrilamientos en los movimientos concretos del gran renacimiento de los espíritus y de los pueblos cuanto investigar lo que en sus fundamentos hay propiamente de grande y sublime»[35]. De este modo se puede conseguir tender un puente sobre la ruptura de evangelio y cultura.

Quisiera poner esto de manifiesto al hilo del concepto modernista de dogma. Los dogmas son tanto enunciados de fe como criterios prácticos. Uno puede comprender dogmas y luego constatar que tienen *también* un valor práctico y una repercusión vital. Pero igualmente se puede afirmar ese valor práctico sin preocuparse por la cuestión de la norma de fe, máxime en una atmósfera agnóstica. Justamente porque son agnósticos, los modernistas ponen de relieve caminos para transmitir nuestro envío al otro que está bajo influencia agnóstica de modo tal que pueda comprenderlo y conectar con él, al menos en parte. Eso es lo que intentó Eduard Le Roy

---

34. Esto vale en particular del libro de Peter Neuner citado aquí.
35. MURRI, en Neuner, *op. cit.*, 248.

respecto al concepto de dogma. Al comienzo de sus explicaciones hace notar con razón que no hay ningún principio fundamental que pueda ser compartido por la Iglesia y por los otros, por lo que «una demostración meramente lógico-conceptual» de una parte no puede ser reconocida por la otra. Este paso no niega la verdad del dogma. Le Roy concede, por lo demás, que «incluso quienes afirman [la verdad del dogma], [declaran] imposible plasmar las razones más profundas de su verdad»[36]. También este paso lo podemos dar con él. Se produce con ayuda del medio estilístico de la exacerbación, que ya conocemos por parte del magisterio. Admitir no poder plasmar la esencia de una cosa no significa no poder afirmar nada esencial sobre dicha cosa. Dios es bueno, no engaña. En la medida en que creemos en él, podemos también comprenderlo, aunque solo sea por analogía[37].

Al conceder Le Roy al otro en el siguiente paso que todos los dogmas cumplen, por eso, primeramente la finalidad negativa de excluir determinados errores, y solo secundariamente conciernen a Dios, cae sin duda en un error: su ejemplo, «Dios es personal», afirma sobre Dios algo que va mucho más allá de la refutación de errores sobre Dios. Pero si hacemos la restricción de que los dogmas cumplen *también* una finalidad negativa, podemos igualmente dar con Le Roy ese paso. Se trata de un nuevo paso hacia el otro, al que el dogma de la personalidad de Dios no *puede* decir por de pronto más «que tales y cuales formas de panteísmo son falsas y rechazables»[38]. Si se trata del diálogo con otros, por tanto, es pertinente que el dogma pueda ser extremado

---

36.   Eduard Le Roy, «Was ist ein Dogma?», en Neuner, *op. cit.*, 251.
37.   Aunque sigue siendo indiscutible que en el lenguaje analógico la diferencia entre los referentes de la analogía sobrepasa lo común entre ellos, esto no aminora la fuerza afirmativa de la similitud afirmada analógicamente.
38.   Le Roy, en Neuner, 255.

hasta esa determinación negativa. Lo decisivo es que solo así puede ser aducido y ofrecido. Es innecesario destacar explícitamente su positividad, porque, por lo que respecta al otro, el dogma cumple primariamente una finalidad práctica y solo secundariamente una teórica: «"Dios es personal" quiere afirmar: "Compórtate en tus relaciones con Dios como en tus relaciones con una persona humana"»[39]. Aun cuando sea cuestionable que esa sugerencia deviene ya acontecimiento para el otro, puede traducirse trinitariamente en el sentido de que la personalidad de Dios significa comportarse en las relaciones con otros como si en ellas y a través de ellas Dios nos saliera al encuentro.

Concediendo el límite interior del dogma meramente teórico –que en Le Roy está extremado en línea agnóstica–, el dogma puede abrir al otro hacia Dios sin que para ello haya que oponerse primero a su protesta contra Dios. Dios se vuelve comunicable al otro en el contexto de su cosmovisión o filosofía vital. Por citar a otro modernista, en este caso Lucien Laberthonnière: «Los dogmas mismos se convierten en acontecimientos y entre lo que nosotros somos y esos acontecimientos existe una conexión». Poner de manifiesto esa conexión en la vida del otro es nuestra misión. Así, la encarnación de Dios «no es ya meramente un acontecimiento que se desarrolló hace algunos milenios..., sino que es un acontecimiento que está dominando el tiempo, que prosigue hasta ti y hasta mí y proseguirá hasta la última muerte de los mortales»[40]. En el acontecimiento de los dogmas, Dios se vuelve experimentable. No se debe concebir los dogmas como una línea defensiva. Más bien se trata de puertas y ventanas, de aberturas a través de las cuales los seres humanos pueden encontrar la fe en Cristo. Es fácil de entender que determina-

---

39. *Ibid.*, 256.
40. NEUNER, 209.

dos dogmas sean más apropiados para ello. Lo que importa no es comprenderlo todo, sino vivenciar algo[41]. Entonces, el otro puede comenzar, con ayuda del dogma, un camino que está abierto al horizonte de la fe. Otra cuestión es si él quiere recorrer o no ese camino. Pero en su inicio, evidentemente, no se halla el dogma como norma de fe, sino el dogma como instrumento y como símbolo.

En cuanto instrumento, sirve en el diálogo con el otro para mostrar lo que es común en las experiencias de cada cual y así franquear la fractura agnóstica en el plano intelectual. El otro responde al instrumento ofrecido concibiéndolo simbólicamente. La comprensión simbólica de los enunciados de fe está al inicio de su camino. Los dogmas pueden entenderse también simbólicamente, pero los símbolos no son «signos inadecuados de su objeto», como se dice en *Pascendi* sobre el concepto modernista de símbolo[42]. Es la doctrina agnóstica la que encierra al símbolo en sí, segregándolo de aquello a lo que remite. Es preciso comprender que para el otro los dogmas *solo* pueden ser símbolos, circunscritos a su plano; no porque sea imposible designar con ellos el contenido, sino porque el otro no lo ve. La inadecuación de los símbolos no se halla en ellos mismos, sino en la cerrazón agnóstica ante ellos. La personalidad de Dios es algo más que un símbolo de que debemos tratarlo de modo humano. Pero, en lugar de insistir en ese plus, podemos entrar en un diálogo con el otro sobre el significado de «humano» en este contexto. Un diálogo así puede entablarse sin hacer referencia a los dogmas ni a la fe. Sigue tratándose de dogmas y de fe, pero solo implícitamente como motivo. El interés por el interés del otro ha de estar motivado.

---

41.   Cf. Hno. Roger: «Vive lo que has entendido del Evangelio. Por muy poco que sea. Pero vívelo».
42.   Cf. *Pascendi Dominici gregis* 10; en Neuner, *op. cit.*, 303.

8. La inconsistencia del otro

Siempre debe tenerse en cuenta el gancho del que cuelga el otro. Si en su opinión no existe *la* verdad (o no es comunicable), entonces no hay más que diversas opiniones sobre ella. Según eso, tampoco una religión puede ser otra cosa que una cosmovisión deficiente. Entonces su valor ha de medirse (con Nietzsche) por el provecho o el prejuicio que causa a la vida. Y, sin embargo, dialogar al respecto puede plantear nuevas preguntas –por ejemplo, ¿qué quiere decir *provecho?*– y convertirse en una danza. Para quien solo conozca danzas en torno a becerros de oro, llevar a cabo algo así ante la faz de Dios puede convertirse en todo un acontecimiento.

Nuestra misión no es poner de manifiesto contradicciones o inconsistencias, sino sanarlas. Son precisamente las contradicciones a consecuencia de las cuales padecen los seres humanos: por de pronto, las contradicciones en el seno de la Iglesia, pero luego también las contradicciones en la vida de cada cual. Aunque nos hayamos ocupado temáticamente de la doctrina agnóstica de los modernistas, no se trata aquí de agnósticos confesos, sino del otro que se halla bajo la influencia agnóstica y está desconcertado. El agnosticismo actúa primariamente como trasfondo. Su poder le viene de la apariencia de superior objetividad. Ofrece a muchos la posibilidad de eludir las recusaciones ideológicas y religiosas a escala mundial y sentirse superiores a ellas. Fundamenta la posibilidad de comportarse con indiferencia frente a las pretensiones de verdad de otros. Pero esa posibilidad no es ninguna necesidad. Desde el punto de vista práctico, una actitud agnóstica no lleva necesariamente al agnosticismo. Si es que lo hace, será siguiendo una veleidad. Pero en un encuentro dialogal auténtico se puede lograr que el otro se apee de su actitud agnóstica, liberándolo para sí mismo[43].

---

43.   Cf. FUCHS, *op. cit.* (n. 4), 59.

El agnosticismo es rechazable, pero no el que no sabe lo que no sabe. Si nosotros atacamos su no saber, entonces aceptamos la ruptura entre evangelio y cultura. Entonces la reiteramos y la consolidamos. Pero ¿por qué no debería poderse explicar la encarnación *también* simbólicamente, siempre que su *realidad* venga atestiguada por la actitud del enviado? Podemos callar acerca de nuestra fe si con ello conseguimos «alcanzar y transformar con la fuerza del Evangelio los criterios de juicio, los valores determinantes, los puntos de interés, las líneas de pensamiento, las fuentes inspiradoras y los modelos de vida de la humanidad, que están en contraste con la palabra de Dios y con el designio de salvación» (*Evangelii nuntiandi* 19). Podemos callar, porque los puntos de vista del otro, en cuanto se contraponen a nuestra fe, dependen sin autosuficiencia de la verdad de esta.

Naturalmente, se le puede señalar al otro lo contradictorio de una trascendencia inmanentizada, pero reducirlo a esta inconsistencia no sirve de mucho. Se le puede hacer notar asimismo huecos y lagunas de un pensamiento encerrado en la finitud, tal como se hacen patentes en el diálogo. Pero ninguna de las dos cosas es necesaria para un diálogo con sentido. Aun cuando en apariencia no se dé interés alguno por la verdad, todo diálogo gira en torno a la verdad. Más que estar frente a la trascendencia, ya siempre nos hallamos en ella y nos encontramos unos a otros en ella. No solo en nosotros mismos, también en el otro «el pensamiento concreto y la vida vivida son trascendentes respecto de nuestro conocimiento inmanente, también respecto del que tenemos de lo trascendente y lo sobrenatural»[44]. Por tanto, aun cuando esté atrapado en el inmanentismo, el otro no es nunca solamente eso.

El encuentro con el otro requiere introducirse sin reservas en el pensamiento inmanente. Este no puede reconocer una

---

44. BLONDEL, *op. cit.*, 178.

verdad prescrita sin renunciar en la práctica a tal verdad como criterio de consistencia. Por tanto, es de por sí suficientemente fuerte como para evitar caminos equivocados. En el diálogo con el otro se precisa atender a que «la afirmación inmanente de lo trascendente, incluso de lo sobrenatural, no prejuzga en nada la realidad trascendente de la afirmación inmanente»[45]. Así como la afirmación de que Dios no existe no implica que no exista, tampoco la confesión inmanente de Dios comporta su realidad. Más efectiva que las profesiones de fe meramente teóricas es la acción que parte de una perspectiva cristiana, la cual emite una señal que el otro puede percibir y reconocer.

9. Nuestro envío a los otros

Somos enviados, también a los otros que no nos tienen en cuenta o hasta nos afrontan con prevención. Pero no somos enviados para contradecir, por mucho que suframos contradicción. También fuera de la Iglesia debe cada uno andar su camino y no es cosa nuestra juzgar. Pero muy bien podemos contribuir a que esos caminos lleguen a lograrse. «La Iglesia, por tanto, solo es Iglesia si ayuda a los necesitados de ayuda y ayuda a los ayudadores a ayudar y si libera a los oprimidos y ayuda a liberar a los liberadores, cualesquiera que sean los "otros" de quienes se trate»[46]. Y bien podemos confiar en que esos caminos, cuanto más logrados sean, tanto más llevan a Cristo. Él no es solo salvación, sino también curación.

Somos enviados a ir en compañía de los seres humanos. Tales caminos pueden estar llenos de privaciones y de soledad. Si bien puede parecer que este modo de individualización de la fe representa un peligro para la Iglesia, para ella

---

45. *Ibid.*, 145, donde continúa: «Es esta una distinción fundamental, a la que acaso nadie ha permanecido fiel hasta el fondo».
46. FUCHS, *op. cit.*, 59.

se trata, sin embargo, de un presupuesto incondicional. «Pues la búsqueda, que va por delante y puede valer incluso como sustitutivo, debe siempre acompañar a la posesión, seguirla y mantenerla viva»[47]. Si los cristianos quieren «llevar al mundo su testimonio de forma que llamen la atención de personas en búsqueda sobre los frutos de la fe cristiana en la Iglesia», entonces tienen necesidad de la Iglesia para adquirir fuerza: «Los cristianos, que viven de la eucaristía, encuentran renovadamente en este sacramento la fuerza para mantenerse fieles a su vocación»[48]. Cuanto más lejos llevo el envío de Cristo a lo abierto e incierto de la confrontación con los otros, más necesaria es para mí la experiencia eucarística de la bondad divina. Dios crea espacios replegándose sobre sí mismo. Estamos llamados por él a crear igualmente espacios replegándonos sobre nosotros mismos. Dios quiere ser un día todo en todos. Pero no lo quiere contra la libertad de los seres humanos.

Nosotros cumpliremos con nuestro envío a otros solo si conseguimos ajustarnos por igual a dos necesidades en apariencia contradictorias: «Por una parte, la necesidad de extender indefinidamente el reinado invisible de la gracia y la misericordia, aprendiendo a entender y amar un mayor número de formas de pensar y de vivir; y, por otra, la obligación y propensión a un rigor dogmático práctico inflexible»[49]. Ambas necesidades se armonizan si se tiene en cuenta que obedecen a perspectivas distintas. *Inflexiblemente rigurosos* solo podemos ser los cristianos, si acaso, para con nosotros mismos. Y esa inflexibilidad (¡no el rigor ni tampoco la obligación!) sigue teniendo sentido solamente en la medida en que se percibe una necesidad de ella, cualquiera que sea el plano en que se dé. En cambio, frente al otro hemos de renunciar al

---

47.   BLONDEL, *op. cit.*, 212.
48.   «Zeit zur Aussaat»: *Die Deutschen Bischöfe* 68, Bonn 2000, 26.
49.   BLONDEL, *op. cit.*, 196.

rigor y a la obligación, para primeramente salir a su encuentro. Lo podemos hacer porque solo Dios conoce su interior y el nuestro. Con ello no se relativiza el dogma adaptándolo a la situación del otro, sino que solo es tenida en cuenta la imposibilidad de comprenderlo sencillamente así. Francisco llama a este modo de proceder «una gradualidad en el ejercicio prudencial de los actos libres en sujetos que no están en condiciones sea de comprender, de valorar o de practicar plenamente las exigencias objetivas de la ley».

Francisco retrotrae este concepto de gradualidad a la ley de gradualidad formulada por Juan Pablo II (cf. *Familiaris consortio* 34). Pero mientras que Juan Pablo II restringía el ámbito de vigencia de la gradualidad como ley al espacio de la Iglesia, Francisco lo extiende a *todos* los seres humanos: «Porque la ley es también don de Dios que indica el camino, don para todos sin excepción que se puede vivir con la fuerza de la gracia, aunque cada ser humano "avanza gradualmente con la progresiva integración de los dones de Dios y de las exigencias de su amor definitivo y absoluto en toda la vida personal y social"» (*Amoris laetitia* 295). El amor de Dios es un don *para todos sin excepción*. Con esta afirmación, Francisco se atreve a dar el paso a la esfera pública de la pluralidad de caminos que Juan Pablo II había preparado en *Redemptor hominis*. Aun cuando este reservaba aún los *escalones* antes mencionados hacia Dios a «una conversión continua, permanente» (*Familiaris consortio* 9), a la vez la atribuía como camino a *todo* hombre sin excepción. La ley de la gradualidad se convierte así en una bien entendida gradualidad del dogma. Nada se le quita a este, pero queda abierto hacia fuera a todos los posibles caminos, aunque estos discurran por otro lugar y posiblemente también conduzcan a un lugar distinto.

Queda descartada así la posibilidad de impugnar otros caminos, incluso cuando por ellos se traspasan límites que han de ser reafirmados. Nos puede servir de ejemplo el *símbolo de*

Cristo, que según Romano Guardini nos ha dado Dostoyevski con la figura del idiota «... que, en su demencia desligada de toda razón, pega su cara al rostro inmóvil de Rogoshin y que, cada vez que el asesino se pone a gritar, le acaricia con mano temblorosa el pelo y las mejillas para apaciguarlo y darle cariño. Ahí nos interpela algo más que una mera actitud humana. Es un hombre, un rostro y unas manos y un corazón humano; pero lo que de ahí surge es la imagen del Redentor. La imagen de aquel amor que es desinteresado hasta su fondo más verdadero, imposible de captar ya por conciencia alguna, imposible de penetrar ya por voluntad alguna. La imagen de la muerte del Señor y de sus últimas palabras: "¡Padre, perdónalos, porque no saben lo que hacen!"»[50].

50.   Romano GUARDINI, *Religiöse Gestalten in Dostojewskijs Werk*, Mainz 1989, 309 [trad. esp.: *El universo religioso de Dostoyevski*, Emecé, Buenos Aires, 1958].

7

«Mi fuerza y mi poder es el Señor» (Ex 15,2)

WALTER KASPER

Queridos hermanos y hermanas:

La lectura de la revelación de Dios en la zarza ardiendo nos traslada a una de las situaciones más difíciles del pueblo de Dios en el Antiguo Testamento[1]. También nosotros, el pueblo de Dios del Nuevo Testamento, vivimos en una situación difícil, francamente dramática. Por eso esta lectura tiene cosas fundamentales que decirnos.

1. Una «misión imposible»

El pueblo de Israel vivía exiliado en Egipto. Estaba quebrantado por trabajos forzados de esclavos; los niños recién nacidos eran todos asesinados. Moisés, tras dar muerte, encolerizado, a uno de los capataces, tuvo que huir y cuidaba en el desierto los rebaños de su suegro. Nadie sabía qué hacer y nadie podía ayudar. El pueblo parecía destinado a la ruina.

Pero Dios no es un Dios muerto, sino un Dios vivo, que escucha y ve, que tiene compasión. Escuchó el clamor y vio la aflicción. Hace justamente lo que hemos comentado en estos días: llama a Moisés, lo envía y él responde: «Aquí estoy». La

---

1. Homilía pronunciada el 24 de marzo de 2019 (domingo 3.º de Cuaresma, ciclo C, lectura: Ex 3,1-8a.13-15; evangelio: Lc 13,1-9).

misión que recibe no es precisamente la más fácil: «¡Te envío al faraón!». ¿Cómo cumplirla después de haber matado a su capataz? Y luego viene algo francamente imposible: «¡Saca a mi pueblo de Egipto!». Y ¿cómo va a poder convencer, no ya solo al faraón, sino también a su propio pueblo de una empresa tan temeraria, que parece claramente desatinada? ¿No es una «misión imposible» por completo?

Moisés cobra ánimo y pregunta a Dios: «¿Cuál es tu nombre? ¿Quién eres?». ¡Tantos dioses como había entonces! La respuesta que recibe ha sido y sigue siendo hasta hoy un enigma para los investigadores: «Yo soy el que soy». Mejor traducir «Yo soy el que está ahí». Es decir: soy el Dios que está ahí, que está contigo y con vosotros. Puedes confiar absolutamente en que estoy ahí y estoy con vosotros. Pero estoy ahí como el que seré no como vosotros deseáis y os imagináis, sino a mi modo y manera, siempre sorprendente.

Ese Dios es el todopoderoso y a la vez el que todo lo hace posible. Con él, todo es posible. Con él, el futuro está siempre abierto. Por eso no nos lo podemos representar según nuestros deseos e imaginaciones. Solo podemos encomendarnos a él con una confianza realmente infantil.

Sabemos cómo siguió la historia. Moisés se involucró de hecho en esa «misión imposible». Llevó a su pueblo a la libertad atravesando el mar Rojo, porque Dios lo salvó de modo admirable del avance prepotente de la caballería egipcia. Al pueblo humanamente destinado a la muerte, Dios le procuró un nuevo futuro. Se manifestó como el que está ahí de modo admirable. Por eso, en la vigilia pascual, en que se proclama asimismo esta lectura, nosotros también podemos unir nuestra voz al canto de alabanza de la profetisa Miriam, que tocaba el pandero mientras todas las mujeres, al son de los panderos, la seguían danzando: «Cantad al Señor, sublime es su victoria; caballos y carros ha arrojado en el mar». «Mi fuerza y mi poder es el Señor».

2. La paciencia de Dios

Saltemos ahora de la lectura al evangelio. En él volvemos a escuchar una mala noticia, un acto de violencia atroz de Pilato, ya conocido por su crueldad, que había mandado asesinar a unos galileos que ofrecían sacrificios en medio del ámbito sagrado del templo, de modo que la sangre humana se mezcló con la de las víctimas animales. Quienes traían esa mala noticia pensaban que era algo que clamaba al cielo. Dios no puede quedarse mirando. Tiene que hacerse presente y machacar.

Y ¿qué es lo que dice Jesús? «Os digo que no, pero si no os arrepentís, acabaréis como ellos». Ahí lo tenemos otra vez. Dios no es un *Deus ex machina*. Está ahí, pero no como lo queremos y pensamos. Está ahí como él está.

No quiere que apuntemos con el dedo al cruel Pilato y a sus esbirros; todos somos pecadores. Nadie puede sin más declararse limpio y ponerse, con autosuficiencia, por encima de los otros. Todos merecemos castigo y podemos tener un final semejante. Por eso –dice Jesús–, no señaléis a otros, no estéis siempre solo buscando culpables. Miraos vosotros mismos. ¡Arrepentíos! Dios no es un Dios que machaca. A todo el que está dispuesto a convertirse, le da una nueva oportunidad. Sí: como lo prometió a Moisés, Dios da futuro a quien comprende la advertencia que él nos ha dirigido por el acto atroz de Pilato, a quien aprovecha el tiempo y se convierte.

Y eso lo explica Jesús con la parábola del hortelano. En medio del huerto está plantada una higuera, que desde hace años no produce nada. Más bien priva a las vides de la energía del terreno. En consecuencia, parece muy razonable la propuesta del dueño de cortar la higuera. Pero entonces llega el hortelano empleado del dueño y se atreve a interceder: Señor, déjala todavía este año; yo haré entretanto todo lo posible, cavaré el suelo y lo abonaré. Quizá entonces la higuera logre dar buenos frutos. Pero si no aprovecha tampoco este plazo último, un año más, entonces se merecerá realmente ser talada.

La parábola no dice en qué quedó finalmente todo. Pero sí nos dice que Dios no machaca sin más. Dios tiene paciencia con nosotros. Nos da tiempo, tiempo para convertirnos. Pero nuestro tiempo tiene plazos. La hora está a punto de expirar. El tiempo no es mañana, ni pasado mañana, sino ahora. Si no lo hacéis, vais a acabar lo mismo que aquellos galileos, o que la gente sobre la que se derrumbó la torre de Siloé en una tormenta.

3. Intercesión y oración

La lectura y el evangelio valen para nosotros. Nos dicen quién y cómo es Dios. Y nos dicen cuál es la misión que tenemos hoy.

En las últimas semanas he tenido ocasión de recapacitar sobre mi época de juventud tras la guerra, después de 1945. Alemania estaba físicamente por los suelos y, tras las crueldades de los nazis, también moralmente. Fue la hora cero. Dios dio a nuestro pueblo una señal de alerta más que patente. Pero fue propicio, paciente y lleno de misericordia. Nos concedió futuro, más de lo que entonces podíamos esperar: un período de paz de setenta y cinco años, como nunca habíamos tenido en Europa en toda nuestra larga historia. Nos concedió futuro, tal como al pueblo de Israel en la lectura y a la higuera en el evangelio.

Pero todo tiempo tiene plazos. ¿Hemos empleado realmente ese tiempo para convertirnos? ¿No sería el momento oportunísimo de la conversión y de una auténtica renovación interior a partir de la fe en el Dios que está ahí, que nos ve y nos escucha también a nosotros? Todo el que no esté ciego puede percibir que se ciernen sobre el mundo nuevas nubes de tormenta. ¿Acaso se acaba el plazo?

Yo no lo sé. Pero el evangelio de hoy es claro. Necesitamos intercesores. Necesitamos orantes. Son los únicos que pueden alejar la desgracia. Y necesitamos personas que estén dispuestas a ser enviadas a cavar el terreno de los corazones y abonarlo con la palabra de Dios y el precepto de Dios. Esa es nuestra misión. Cada uno de nosotros tiene, cada uno de nosotros *es*, esta misión. No es una misión sencilla, pero tampoco es, con Dios, una «misión imposible». Dios está ahí; es fiel con solo que nosotros seamos fieles. Este año, pues, se nos concede también abordar con confianza y alegría la noche de Pascua, dejarnos enviar de nuevo como cristianos y cantar: «Mi fuerza y mi poder es el Señor». Amén.

AUTORES

AUGUSTIN, GEORGE
Doctor en Teología. Catedrático de Teología Dogmática y Fundamental en la Vinzenz Pallotti University de Vallendar (Alemania). Acompaña espiritualmente a sacerdotes en la diócesis de Rotemburgo-Stuttgart.

ETEROVIĆ, NIKOLA
Doctor en Teología. Arzobispo. Nuncio apostólico en Alemania desde 2013 (Berlín).

KASPER, WALTER
Doctor en Teología. Cardenal. Presidente emérito del Pontificio Consejo para la Promoción de la Unidad de los Cristianos (Roma).

KOCH, KURT
Doctor en Teología. Cardenal. Presidente del Pontificio Consejo para la Promoción de la Unidad de los Cristianos (Roma).

KRAFFT, THOMAS
Filósofo (Múnich).

WALLNER, KARL
Doctor en Teología. Profesor de Dogmática y Teología de los Sacramentos, y rector emérito de la Escuela Superior de Filosofía y Teología Benedicto XVI de Heiligenkreuz (Viena). Director de las Obras Misionales Pontificias [OMP] en Austria.